年齢別●保育研究

4歳児の自我形成と保育

あおぞらキンダーガーデン・そらぐみの一年

岡村由紀子＋金田利子

HITONARU SHOBOU

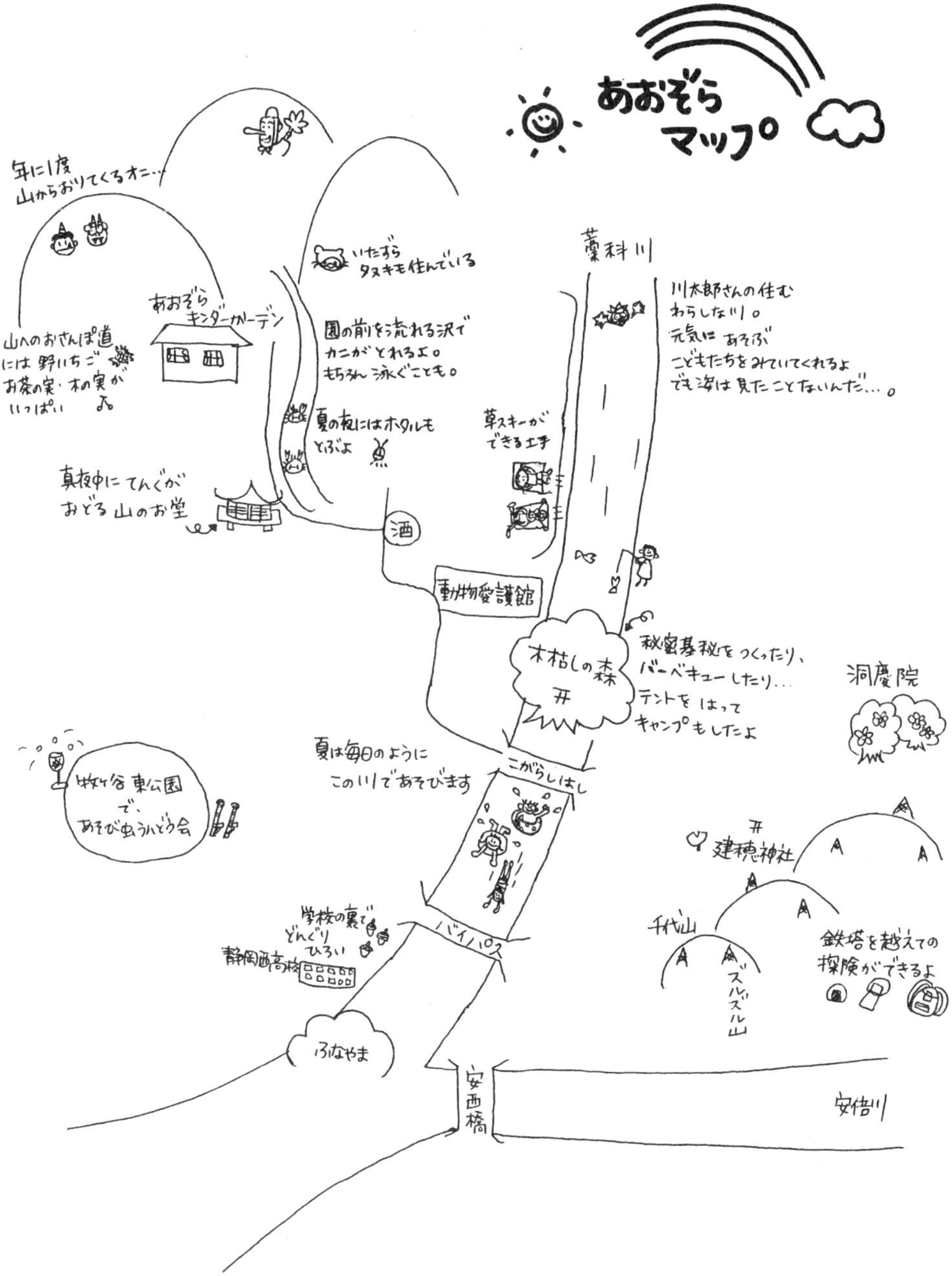

あおぞらマップ
年に1度
山からおりてくるオニ…
いたずら
タヌキも住んでいる
あおぞら
キンダーガーデン
山へのおさんぽ道
には 野いちご
お茶の実・木の実が
いっぱい
園の前を流れる沢で
カニがとれるよ。
もちろん 泳ぐことも。
夏の夜にはホタルも
とぶよ
真夜中にてんぐが
おどる山のお堂
酒
動物愛護館
藁科川
川太郎さんの住む
わらしな川。
元気に あそぶ
こどもたちをみていてくれるよ
でも姿は見たことないんだ…。
草スキーが
できる土手
木枯しの森
秘密基秘をつくったり、
バーベキューしたり…
テントを はって
キャンプもしたよ
洞慶院
こがらしはし
夏は毎日のように
この川であそびます
牧ヶ谷東公園
で、
あそび虫うんどう会
建穂神社
千代山
ズルズル山
鉄塔を越えての
探険ができるよ
学校の裏で
どんぐり
ひろい
静岡西高校
バイパス
ふなやま
安西橋
安倍川

もくじ◎

年齢別保育研究

4歳児の自我形成と保育

～あおぞらキンダーガーデン・そらぐみの一年～

はじめに――本書の構成とねらい　12

第1章　「あおぞら」の保育
～いのち輝く子ども時代を……15

1――「あおぞら」の成り立ち　16
（1）「あおぞら」の誕生と園づくり　16
（2）父母と共に――わが子の心をつかみ、学び、手をつなぐ親へ　18

2――信頼のいずみ、発達のふるさと　21
（1）心の原点の再体験　21
（2）いつだって自分らしく生きる　24

3――保育を創る視点　28
（1）子どもの心いろいろ　28

（2）生活――「そういうこともあるよね」の心で　34
実践記録・そういうこともあるよね！　36
（3）あそび――子どものまるごと（言葉・表情・動き）に目を向けて　37
①なにげないあそびをもっと楽しく　38
実践記録・消防ごっこは楽しいな～三歳児～　38
②クラス単位の総合的あそび（なにげないあそびから始まるみんなの活動）　40
実践記録・こおり鬼ごっこ　41
・パーティー　44
（4）課業（準課業的）――子どもの要求に応えて　46
実践記録・川が冷たいかどうか、調べてみたい　48
（5）節となる総合的な活動　50
（6）友だち大好きから、育ち合うなかまたちへ　53
実践記録・笑っても、泣いても、楽しいね～三歳児～　54
・ひとりで、食べたい～四歳児～　57
・きらいなんだもん～五歳児～　60

第2章　「あおぞら」の保育の意義と四歳児の自我形成の研究……67
1──「あおぞら」の保育の特長　68
～集団の教育力をたいせつにする「自由保育」
2──今、なぜ四歳児の自我形成過程の実践的研究が必要か　75
(1) 学校における子どもの「荒れ」という現象とのかかわりから　75
(2) 自己コントロールできない自分と向き合う四歳児　78
(3) 保育のなかでみる自己コントロール力形成への過程　82
(4) 自我形成と自己信頼　84

第3章　四歳児そらぐみの一年間……89
1──年間における「期」のとらえかた　90
(1)「期」は実践上のおおまかなめやす　90

（2）一九九八年度そらぐみの子どもたち　92

2――いやだもん、できないもん――1期（四月〜一〇月）　93

実践記録・はじめての出会いの日　93

・誕生日は動物園に行きたい　94

・よく分からないことも楽しい？　96

・雨の日も楽しく　99

・川あそびは楽しい　100

3――やっぱり、みんなといると楽しいな――2期（一〇月〜一月半ば）　102

実践記録・そらぐみのあそび虫うんどう会――種目を決めるまで　103

・きびだんご作り　119

・サンタの家はどこかな？　120

4――大きくなるから、できちゃうもん――3期（一月半ば〜三月）　123

実践記録・小さい子と遊ぶの楽しい　125

・ただの石だけど……　127

・そらさんパーティーやるよ　131

・大きくなる会――そらぐみパーティー当日　134

第4章　ありのままでいいんだよ
～二児にみる四歳児の自己コントロール力形成過程……139

1――対象児の選定とエピソードの抽出方法　140
2――自分で見つけたあそびをたっぷりと――Ⅰ期（自己主張期）　143
A1・そらじゃあない、にじじゃあない（五月一日）　143
A2・どろんこは楽しいもーん（五月二六日）　149
A3・おだんご作るんだもーん（九月一〇日）　155
B1・コウモリのところへ行きたい（六月二四日）　159
B2・てんぐに会いたい、泊りたい（七月一三日）　163
3――友だちを求める心を支えて――Ⅱ期（集団への働きかけ期）　169
C1・パーティーやりたい（九月七日）　169
C2・サンタの家、近くにある（一二月三日）　171

4――友だちとつくるかかわりをゆっくりと――Ⅲ期（自己コントロール期）176
D1・一人で数えないと分らなくなる（一〇月一六日）176
D2・にじさんが入ってくれればいい（一〇月二一日）179
D3・食べたくないんじゃあないの（一〇月二二日）183
E1・僕がんばるよ（七月一五日）187
E2・しょえばいいんだ（一二月九日）189

第5章　四歳児の自己コントロール力形成過程と保育……………………195

1――自己コントロール力形成過程を分析するにあたって　196
（1）保育実践における指導仮説　196
（2）エピソード分析の方法　199
2――エピソードからの検証［1］202
～Ⅰ期（自己主張期）第一の自己充実からの出発
（1）集団から「はずれる」自己充実期（Aのレベル）における集団と指導　202

（2）思いつきの自己充実期（Bのレベル）における集団と指導　204

3──エピソードからの検証［2］　206
～Ⅱ期（集団への働きかけ期）第二の自己充実への移行期として

4──エピソードからの検証［3］　208
～Ⅲ期（自己コントロール期）第二の自己充実期として

（1）合意の形成を通しての自己コントロール（Dのレベル）における集団と指導　208

（2）自分のなかでの他者とのかかわりによる自己コントロール（Eのレベル）における集団と指導　210

5──まとめ　213

あとがき　216

装幀／山田　道弘
装画／小野寺英子

＊本文中に使用した室内見取図・図1・図2は、『季刊保育問題研究一八九号』（新読書社）より転載させていただきました。

はじめに――本書の構成とねらい

この世に生まれてきたからには、人間はだれでも自分らしく生きたいと願っています。そのためにはなんといっても、揺るぎない「自己信頼感・自己肯定感」を幼いときから養っておく必要があります。それには自分を受け止めてくれる集団が不可欠ではないでしょうか。自分の弱さを出すことができ、弱さを出しても決して笑われたり、足をすくわれたりすることなく、真剣に受け止めてもらえたとき、人は人を信頼し、自己発揮と共に他者理解への要求も芽生えます。

長い間家族がそのための第一次的な集団ととらえられてきました。もしそうだとしても、社会的にはばたく人間として育つためには、家族以外のより社会的な場に、もう一つ、発達の拠点としてのそういう集団が必要なのではないでしょうか。まして今日では家族にこうした期待をかけることを自明のこととはできなくなってきています。

人間が自分らしく生き、人にもやさしくできるには、どの子にもどの大人にも、どこかにこのような弱さを出し合いつつ、高め合っていける集団が必要なのではないでしょうか。

とくに、自我の芽生えと形成から他者とのかかわりを踏まえた第二の自我の形成を課題とする幼児期に、そして感性のなかに自己肯定感を育むことが大事な幼児期に、自分を出し合える集団の保障が何よりもたいせつなのではないかと思うこのごろです。

本書で実践を分析する「あおぞらキンダーガーデン」の保育には、こういう願いがこめられています。子どもにとって園がそういう場になってくるとき、親にとっても園はやすらぎと勇気の湧き出る共発達の場になります。

この園では、一見わがままに見える子どもの「個の主張」を集団のなかで十分に受け止め、保育者は一人の子どもの心の変化を、どんな小さな変化も見逃さないように、さりげなく努力し、ほかの子どもたちに伝えます。そして、なかま関係は楽しそうだと本心から思ったときには、いつでも受け入れられるしくみがつくられています。子どもたちの思いつきにも似た発想がとてもたいせつにされて、生活やあそびのなかに組み入れられていきます。

この本は、こういう保育のなかで、子どもが自己コントロール力の形成という発達課題をどう乗り越えていくか、その過程を右記のような願いをもつ実践者と、保育のなかで子どもの発達をとらえたいと願う発達研究者が共同で分析したものです。

ですから、この本はたんなる実践書でも、発達研究の本でもありません。発達と保育の関係を表すことを試みたものです。

本書は、次のように構成されています。

まずはじめに第1章では、本書の理論構成の基礎となっている実践、「あおぞら」の保育の全貌を展開します（岡村）。

次に第2章では、「あおぞら」の保育の特質と四歳児の自我形成研究の意義について述べます（金田）。

そして第3章では、「あおぞら」の四歳児クラスを取り上げ、四歳児そらぐみの一年のようすを集団の発展の時期ごとに紹介します（岡村）。

つづいて第4章では、本研究の資料となる二人の四歳児せいご君・ふうや君に関する一二のエピソードをとりあげます（実践記録＝岡村・コメント＝金田）。

最後に第5章において、その資料をもとに一年間の保育のなかでの四歳児の自己コントロール力の形成過程について分析します。そして他律的でなく、自らの意志で自分の気持ちをコントロールしていく（自己決定）ためには、どんな指導が必要かについて提案します（金田）。

なお、執筆にあたったのは右記の二人ですが、「あおぞら」の実践は、常に集団討議のなかで高められており、親たちとの意見交換に支えられています。また、資料の整理などについては金田研究室の院生（二〇〇〇年当時）の山岡三佐子氏の協力を得ました。記して「あおぞら」の保育者、萩原穂波・芹沢美佐江・白鳥裕子・牧田文代氏と保護者の皆さん、山岡三佐子氏に謝意を表します。

また、ここでの課題と私たちの取り組みに意味を見いだし、側面からのご助言や惜しみない励ましをいただいたひとなる書房の名古屋研一氏、並びに編集担当の松井玲子さんに感謝いたします。

二〇〇一年七月

金田　利子

第1章

「あおぞら」の保育

いのち輝く子ども時代を

1——「あおぞら」の成り立ち

（1）「あおぞら」の誕生と園づくり

「あおぞらキンダーガーデン」は一九九四年四月、子どもたちの幸せと豊かな発達を願い、「子どもたちから学ぶ」という姿勢で教育実践を積み重ねてきた保育者たちと、その実践に信頼と期待を寄せ、共に歩みたいという父母たちと、この趣旨を理解され応援してくださる方々の出資などを基にして開園した、手づくりの幼児教育施設です。当初は民家や公民館などを借りて保育を進めてきたのですが、父母を通して「あおぞら」を応援してくださるKさんという方が、所有している吉津の土地を貸してくださることになり、プレハブの園舎ができたのが、翌一九九五年一月でした。吉津は、園の前をホタルが飛ぶくらいきれいな川が流れ、春にはウグイスが鳴く、自然の豊かなところです。蛇口から出る水も凍ってしまうような寒さでしたが、思いきり遊びまわる子どもたちの笑顔が、「あおぞら」の新たな始まりでした。

そして二〇〇〇年一月、貸してくださっていた方の事情で引越しをすることになりました。引越した先は友人を通じて知り合いになったS先生が見つけてくださったものです。二五〇坪の土地に五〇坪の大きな農家が建っている所でした。大家さんもとてもいい方で、子どもたちに合うようにリフォームし、押入れをコーナーに、障子を間仕切りに、そして冬はコタツを入れるなどして、とても家庭的な雰囲気になりました。また、園のまわりも農家がたくさんあり、自然が多く残っているところです。地域の公園を借りて行なわれる運動会も、ゲートボールをやっている方々といっしょにやらせていただいたり、五歳児の稲作りの苗をいただいたりと、あたたかく接していただいています。

　現在、子どもは、二、三、四、五歳の四〇人。職員六人と大きな家族のようにして毎日暮らしています。

　今日、子どもを取り巻く状況は厳しくなっています。「わが子の声にしっかり耳を傾けられる父母」「独りよがりでなく、大人たちで手をつなぎ、皆で子どもたちを育てようとするなかま意識を持った、地域を含めたいろいろな大人集団」「その場限りのお楽しみ保

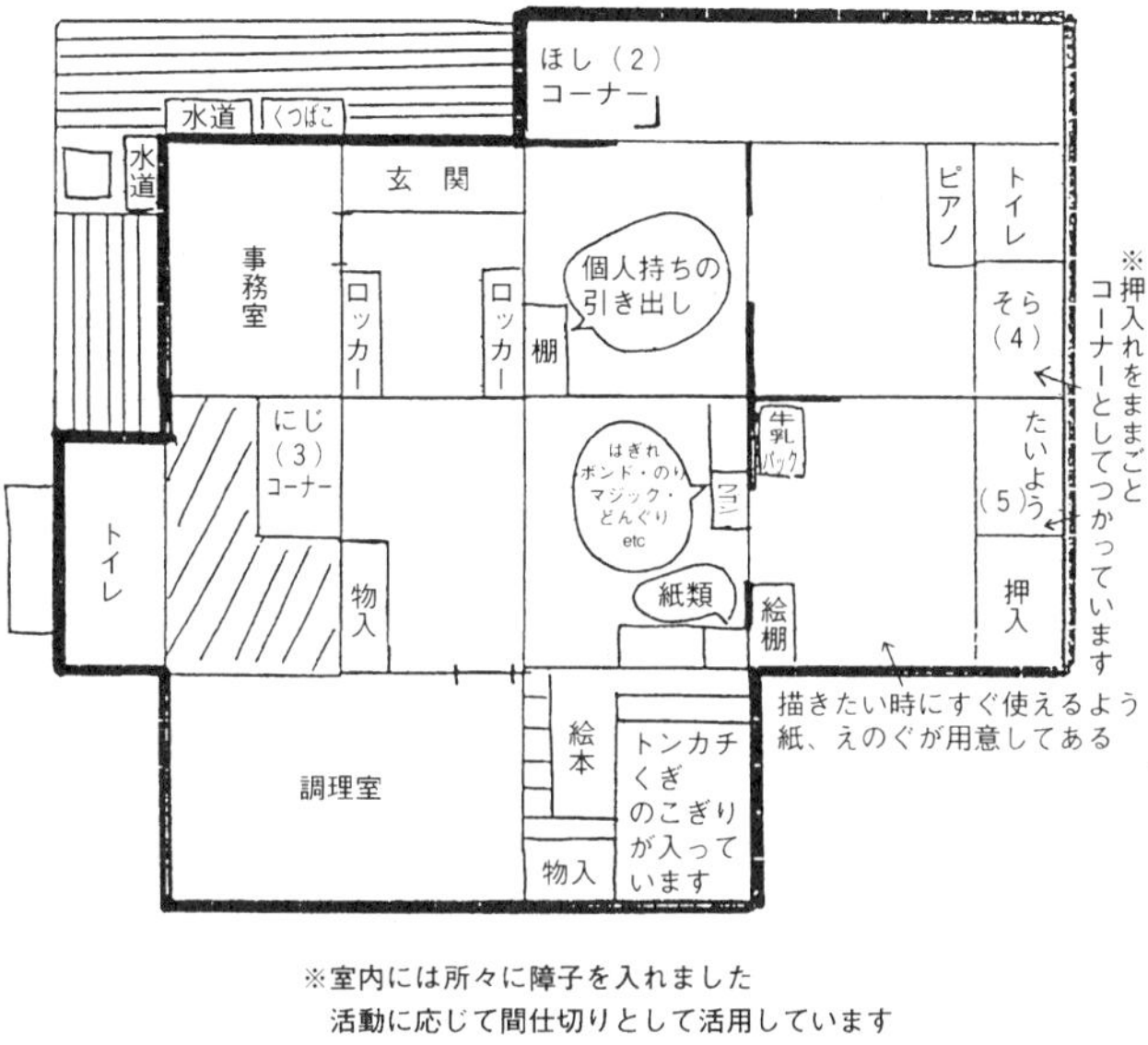

あおぞらキンダーガーデン　室内見取図

育や子守保育ではなく、子どもの発達と将来を見通した保育をしようとする保育者」など、子どもの幸せを願ういろいろな人が力を出し合い、子どもたちにあたたかく接していくことがたいせつだと思っています。といっても手づくり園の運営は厳しく、課題は山のようにあります。そこで、卒園生の父母を中心に「あおぞら」を応援してくれる方々で「あおぞらを育てる会」を設立したり、経営について専門に考える経営会議をつくったりして活動しています。そこは人と人との出会いの場であり、「あおぞら」はほんとうにたくさんの人に支えられて「今」があることを実感しています。「人が（人格として）生まれて、そしてまた人が最後に帰って行く場所」「どんな自分も好きになれそう、どんな他人も好きになれそう。どうしたら好きになれるかいつも考えさせてくれる場所があるから」「子どもにとって、帰ってこられるふるさとのような園」などと、父母たちが語ってくれた「あおぞら」を、これからも苦労を楽しさに変え、多くの人びとと共につくっていきたいと考えています。

(2) 父母と共に――わが子の心をつかみ、学び、手をつなぐ親へ

〝子どもを育てる〟というたいせつな仕事は、時間的にも分量的にも大きなエネルギーが必要です。子どもは生まれながらにして社会的な存在だといわれますが、それは、かけがえのない一人ひとりの子どもの命を守り育てるには、親がわが子だけをたいせつに育てればいいということではな

く、「親たち」という集団が「子どもたち」という集団を育てるということでもあると思います。

わが子を「あおぞらキンダーガーデン」に入園させた時点から、保護者同士の出会いが始まります。この出会いと一人ひとりの親としての思いをたいせつにしながら「今のこの子どもたちを育てるには、どんなことを学び、どんな活動をしていけばいいのだろう」など、たくさんの意見を交流

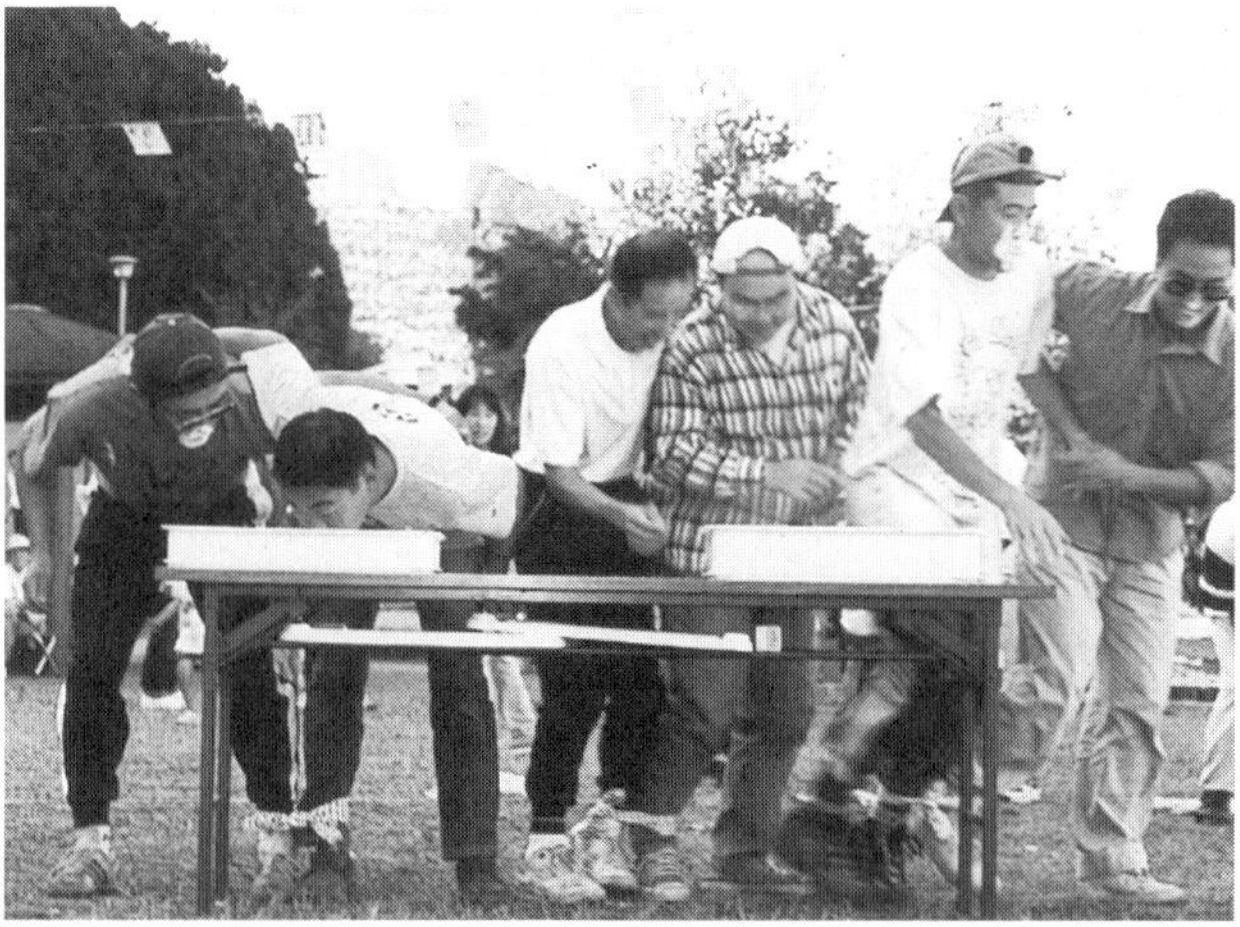

お父ちゃんたちも楽しい運動会

秋まつりで踊りを披露するお母ちゃんたち

し、力を合わせて子育てという大きな仕事を楽しく豊かにしていけたらいいと考えています。

あおぞらの保育のなかでは、一人ひとりをたいせつにすることがうたわれています。これは大人もいっしょです。自分らしさ、わが家らしさを失うことなく、自分の考えをたいせつにしながらも、それぞれの違いを認め合って合意をつくるという民主主義の基本を、保護者会活動のなかでもたいせつにしてほしいと願っています。そして、そうしたなかでこそ、はじめて子どもを真んなかに共に育ちあう関係がつくられていくのではないかと考えています。

子育てはいつも楽しく、親になってよかったなあという喜びをいっぱいつくっていけるよう、応援したいと思っています。具体的には、子育ての喜びは伝え合えることで二倍に、悩みは二分の一になることを願って、

・毎日の連絡ノート
・クラスの子どもたちのようすを伝えるクラスだより
・園のようすを伝える園だより
・懇談会（年六回くらい）
・親子交流会（いっしょに遊ぶ）
・在園生と一年生との交流遠足
・父母といっしょにバザーやフリーマーケット

などが行なわれています。

2――信頼のいずみ、発達のふるさと

一番信頼できる人間関係のかたまり、それが家庭のほかにもう一つありました。
そのかたまり、それは外見はとっても小さいけれど、そのあたたかさは世界一。
これから一生をどう生きていこうか、その出発点になる
人間信頼のいずみ、人間発達のふるさと
ここがあるからこわくない。
ここがあるからみんなのなかで自分らしく、ずっとずっと輝いていける。
これがみんなのあおぞらキンダーガーデン園。さあ、飛びたとう小学校へ
そして大きな自分自身の人生へ。

（金田利子）

（1）心の原点の再体験

二〇〇〇年夏、卒園生との交流会（一泊二日）が開かれました。この会の呼びかけは園がします が参加は自由で、一～六年生までの子どもたちと保育者がいっしょに楽しむもので、年一回行なわ

れています。（交流会のほかにも、卒園生には出店も含めてバザーや運動会への参加を呼びかけています）

今回は、日中、藁科川（わらしながわ）で遊び、バーベキューをしたあと園に泊まるというものでした。久しぶりに会う子どもたちは、最初モジモジする姿も見られましたが、すぐに年齢をこえ川あそびを楽しんでいました。夜は学年ごとに出し物を披露する交流会です。

一年生「うた」、二年生「いろんな技の、ビュンビュンごま」、三年生「手品」、四年生「寸劇」、五・六年生「クイズ」などです。

久しぶりに会う友だちと、一つのものを決めてつくっていくには話し合いが必要で、一五分が二〇分、二〇分が三〇分となってしまいますが、みんなが納得するまで話し合うのには時間がかかるもので、子どもたちにまかせています。

そしていよいよ発表になるのですが、その発表の前に一人ずつ、学校のことや友だちのことなどを自由に話してもらうのですが、二年生のときでした。

一人の子が、「イヤだっていうのに、やめてくれない子がいる」といったのをきっかけに、「僕も、約束の所へ行って待ってたのに、だれもこなかった、イヤだった」「イヤなことをいってくるから、イヤといっても、まだいう」など、学校でのイヤなことを次つぎに話し始めました。

すると、「うんうん、うちの学校にもある、そういうの」「分かる」「分かるよ」「イヤなんだよね」「やり返してやんな」などなど、先輩のお兄さんやお姉さんがいってくれたのです。見えないけど、気持ちが一つになった雰囲気でした。具体的に解決することはできないけど、本音で話すことができ、それをしっかり聞いてくれるなかまがいることを共感できる場でした。

また、その前年の一九九九年の夏は大井川上流での一泊旅行でした。雨が降り予定していたバーベキューもできないし、上流のため水も冷たく川あそびも少ししかできない……。大人からすれば楽しく遊ぶことがほとんどできなくてつまらない状況でしたが、「行ってきたら、穏やかな感じになった」「絶対に来年も行く、楽しかった」「今まで人に手紙など書いたことなかったのに、『先生にどうしても来年も行きたいという手紙を出す！』と書いている」など、親からお便りをいただきました。

そうした子どもたちのようすをここ何年か見ていると、子どもたちは交流会で何をしたかではなく、「なかまがいる」というそのことが、なにより楽しいのだと実感します。

卒園生が集まったり、園に遊びにくる（頻繁にある）ことは、自分らしくいられる！　受け入れてもらった！　など、小さいころの心の原点を体で感性として再体験することではないでしょうか？　それが今の自分を見つめること、これから自分が生きていく力にもつながっていくような気がします。

先生、元気ですか？　あおぞらに泊まってとても楽しかったです。ぼくはもう中学生だけど、たいようさん（五歳児）になった気持ちがしました。タイムスリップして、幼稚園の子になりたいと思いました。先生ありがとうございました。
巧也

……私は幼稚園にきてとても楽しかったし、小学生になって忘れてしまったことも思い出しました。だから、みんなに「ありがとう」の気持ちを込めて「クッキー」を作ったよ。……今度行くときまで、私のことを覚えていてね。……ほんとうに楽しかったよ。ありがとう。
なつみ

(2) いつだって自分らしく生きる

だいすけ君は、高校一年生の夏に学校をやめることになりました。タバコや校則違反が理由でした。小さいときから大ちゃんを知っている関係で、やめたあとボランティアで数ヵ月園に通ってくることになりました。ピアスをつけてオシャレでかっこいいお兄さんを、子どもたちはすぐに好きになり、大ちゃんをとりあって遊んでいます。川あそびやどろんこでは、キティーちゃんのトランクス一枚で本気で子どもたちと遊び、鼻の出ている子を見るとさりげなくふいている姿に接し、一六歳の若者のすてきな心に感動してしまいました。

大ちゃんは数ヵ月後、「やっぱり学校へ行きたい」と気持ちを決め、翌年受験し直して今は新しい高校へ通っています。

大人から見ると、一見困ったなあと思う姿のなかにこそ、発達のエネルギーが含まれていることを考えると、子どもの心に寄り添う大人たち、なかまたちの果たす力はとても大きいと改めて思うのです。そして、ありのままの自分を受け止めてもらえることのたいせつさは、年齢を越えていつだって言えることなのだと思います。

みなさんは、小学校時代、在園生のお父さんの教え子でした。中学一年のときからいじめにあい、学校を休んでいるとのこと。二年になった時、夏季保育に遊びにきたいというので、ほんの数日間でしたが園にきました。以下はその体験をまとめ、自由研究記として学校へ提出したレポートの抜粋です。

「……幼稚園の子どもたちが教えてくれたのだ。『素直』ということを。人はだれでも『素直な心』を持っている。しかし、人は見栄をはったり、がまんばかりしたり、一人で強がったりしている。『素直』というものを外に出そうとはあまりしないのだ。私もそのなかの一人だ。だけど、私は教えてもらい気づいた。ある程度のがまんなどはやっぱり必要だと思う。それができなければたんなるわがままなのだから。でも、悲しいときは悲しいと表に出せばいいと私は思う。がまんばかりしていないで、泣きたければ泣けばいい。笑ったり、怒ったり、泣いたり、自分に素直になればいいんだと思う。私は自分を見つめ直すことができた。強がってばっかりいてもほんとうの自分を表に出すことはできない。助けが必要だったら、親でも友だちでも助けを求めればいいのだ。重い心のとびらは自分で押して開かなければ。それができたとき、きっとそこには大きな世界が広がっていて、自分でいろいろなものを見て、感じて、体験して、もっと自分を大きくすることができると思う……」

みなさんは、その後、中学をやめることを自分で決め、受験して新しい私立中学で元気にやっているとのことでした。

みさこさんは大学の卒論を書くために園に来るようになり、そのときのことを次のように綴ってくれました。

「『あおぞら』に初めて出会ったとき、そこの不思議な空気に正直驚きを感じました。それを一言でいうと、『先生なのに先生っぽくない。子どもが自由でのびのびしてる』ということです。そしてなによりそこにいて心地がいい、また来たいなあと思いました。『教育は共育だ』とはよくいわれていますが、ここにいると『共に育ちあう』というその意味が、肌で心で感じられる。子どものもつ力のすごさ大きさが、ひしひしと伝わってくる。子どもたちはありのままの姿で生活をしていて、真正面から友だちとぶつかり合ったり、『イヤ！』と自分を主張したり……。

そんな子どもたちに、気づかせてもらったことがあります。それは、まわりに気をつかうのが上手になった反面、忘れてしまっていたもう一人の自分が、確かにここにいるということでした。そして、『自分は自分以外のなにものでもない』というたった一人のかけがえのない自分が思うことや感じることは、それはそのままですてきなことだということです。自信は自分を信じることだといいますが、その自己信頼感がそのときの私には欠けていました。そしてそれは、いつまで待っても決して他人から与えられるものではないということにも、初めて気づきました。

卒論に取り組むなかで、こうして本気で自分自身と向き合うと、とっても苦しくて逃げ出したい思いもあったけれど、そのときの苦しみが今の自分を創ってくれたのだなあ、と心から思います。そしてなにより、そんな私を支えてくれる人たちがいたからこそ、自分自身と真正面から向き合うことができ、今ではそれをとても誇りに感じます。」

どんなときだって、いつだって、年齢をこえ、子どもも大人も「自分らしく生きたい！」と思っています。しかし、そういうことに気づかなくなったり、気づいてもうまくまわりに伝わらず、傷ついたり悩んだりすることが多く、子どもも大人も生きていくのが難しい時代です。でも、人間らしく生きていこう！　とする子どもや大人、そしてなかまたちとの出会いのなかで、私たちは励まされ、元気になり、自分らしく生きていく力をもらうことを、園にかかわるいろんな人から教えてもらっています。そして、そうした子どもたち大人たちの愛をもらって、今を生きる幼児期の子どもたちも輝いていくのだと思っています。

3——保育を創る視点

(1) 子どもの心いろいろ

二月といってもあたたかい、ある日のこと。

部屋で遊んでいたるんちゃんが「どろんこやろう」と保育者に声をかけてきました。その声を聞いていたまなみちゃんも「まな、やる」といってきたので、三人でとろとろのクリーム作りが始まりました。やわらかい土を探し、水を入れ、また具合をみながら土を入れ……と繰り返して、ぽた～んとしたクリームを作っていくのです。そんなとき、手を動かしながら、おしゃべりがはずみます。

まなみ　「まな、ゆうべ、ねられなかった。だって、さやか（妹）泣くんだもん、大きい声で。パパがきても泣いている」

保育者　「そうかあ、ねられなかったんだあ。ママ、病院にお泊りの日だったのかな?」

まなみ　「うん。パパ、さやかのところへ行ったんだけど、泣いてる。まな、ねられなかった」

保育者　「そうかあ、まなちゃん、がんばってるんだね。すごいねぇ。ママが夜お仕事でいないとき、まなちゃんと、さやかちゃんと、パパで、お留守番しているんだあ」

まなみ「いつもは、ママとさやかとねるんだけどね。パパ、さやかのところへ行ったんだけど、
泣いてた」

まなちゃんが三度も、パパがさやかちゃんのところへ行ったことをいうので、「まなちゃんは、ほんとうにがんばっているんだもんね。まなちゃんも、ねられないから、パパにきてほしかったねえ」というと、「うん」とにっこりした顔を見せてくれました。すると、クリーム作りの手を動かしながら、るんちゃんが「るんだって、お父さんがいなくてさみしいけど、がまんしなきゃあ、いけない」というのです。るんちゃんは、一二月にお父さんとお母さんが別れて、お母さんとお兄ちゃん、弟と四人で暮らしているのです。

そこで「ほんとうにそうだねえ。るんちゃんも、がまんしているんだもんね。ママもがんばっているし、るんちゃんもがんばっているんだもんね。二人ともすごいねえ」というと、急にまなちゃんが「どろが、服によごれると、着替えるのめんどうだなあ」というのです。るんちゃんは「いいじゃん、服あるから」というけど、まなちゃんは納得しない顔です。「すごくがんばっているし、岡ちゃん（岡村のこと）よりもえらいもんねえ。特別に、お着替え手伝ってあげるよ」というと、るんちゃんは「るんはいいよ。自分でできるから」といっていたのですが、まなちゃんはとてもうれしそうでした。

そんなとき、途中からあそびのなかまに入っていたまゆこちゃんとめいちゃん。「めいだって、

かあちゃんが洗濯干しているとき、ゆうた（〇歳）としょうた（二歳）のめんどうみる。イヤだけどがまんしてるんだあ」とクリームを混ぜながらそんな話をするのです。そのときは、頭のなかで言葉が見つからず、とっても子どもが大きく見えました。

保育者「すごいんだねえ。みんなはほんとうにすごいんだね。岡ちゃんより、すごいえらいんだね」

まゆこ「ようちえん、楽しい！」

めい「めいも、そうだよ」

るん「るんも！」

まなみ「どろんこ、楽しい！」

るん「そう、家族ごっこもねえ」

ニコニコといい顔のみんなに思わず、「そう、先生も楽しいなあ、みんなといると。顔を見ないとさびしいしねえ」といいました。

そのあと、クリームをケーキにして、飾って食べて……と続いていきました。そして、着替えのときになると、子どもたちはどんどん自分で着替えをしているのです。

保育者「あれ～、お手伝いしなくっていいの？」

まなみ「へへへ、もういい。着替えちゃったもん」

保育者「せっかく、お手伝いをしようと思ったのに」

するると、肩をトントンとたたく、りさちゃん。
保育者「なあに？」
り　さ「（耳元で）りさ、お着替え手伝ってもらいたい気分なんだあ」
りさちゃんはこおり鬼ごっこをしながらも、ときどき抜けてきて「こおり鬼している」といいながら、何度もみんなの話を聞いていました。だから、なんにもいわないけれどりさちゃんも考えるところがあるのかなあと思い、「そうかあ、りさちゃんもそういうときがあるもんねえ」とぎゅっと抱きしめながらお手伝いをすると、とろけるような笑顔になりました。

子どもは、大人以上にずっと大人なのかもしれない……。そして、子どものけなげな姿に、「どんなに小さくっても、人格を持った一人の人間である」ことを改めて思うのです。現代社会はバブル崩壊後、倒産、リストラなどによる失業問題、大気汚染や環境問題など、大人自身が生きにくい時代となっています。そんななかで、がんばって一生懸命生きている親たちが「産んでよかった」「親になってよかった」「子育てって楽しいね」という喜びをいっぱいつくっていけるように応援していきたいと願っています。
そして、子どもたちが当たり前にすくすく育っていくことが難しい時代だからこそ、子どもの心に寄り添って、「子どもが子どもらしく輝く」、そんな保育を創造することがたいせつだと思うのです。

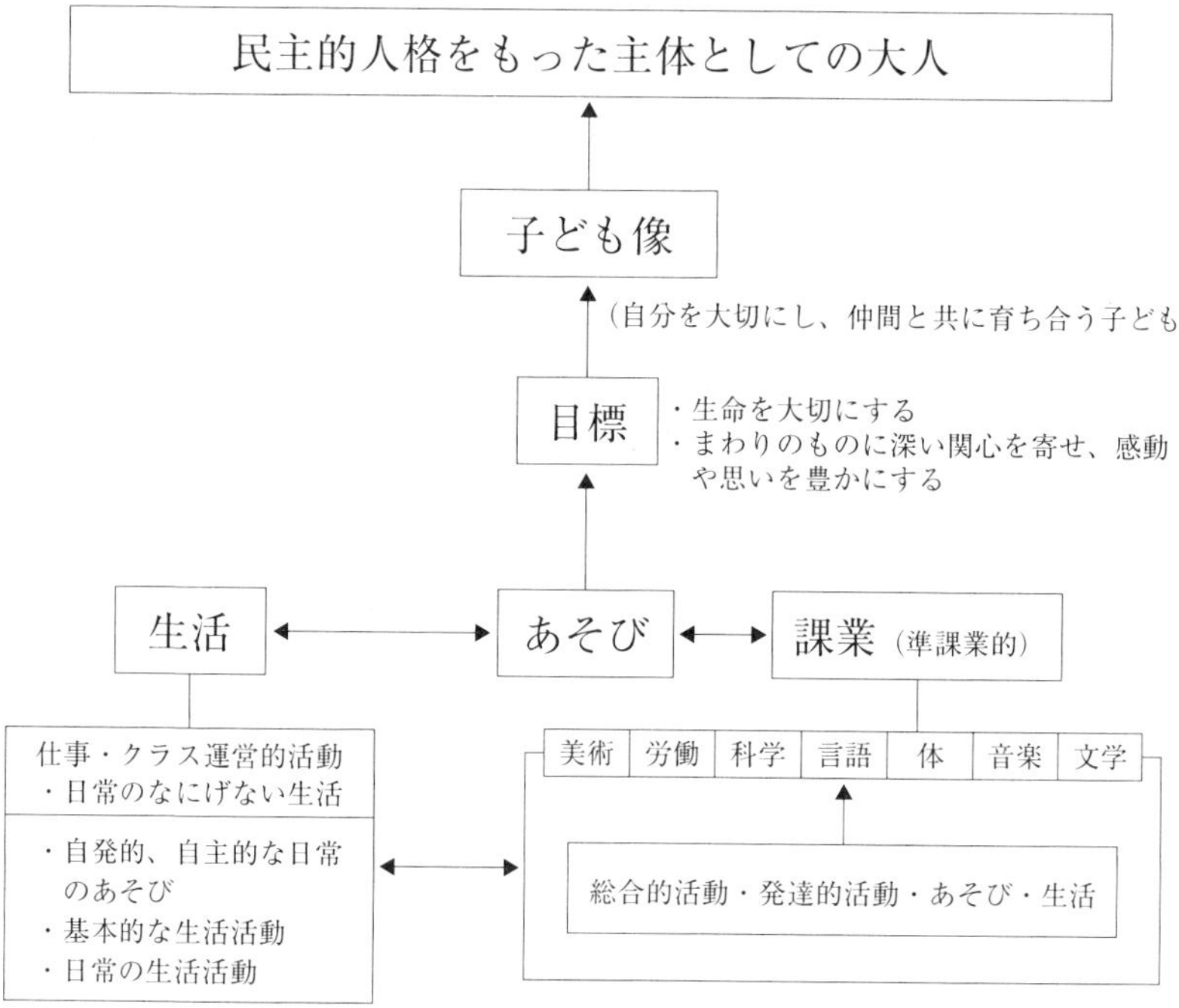

図１　あおぞらの保育

子どもの一日を見てみると、そのなかにはいろいろな側面があり、分けるのはとても難しいのですが、子どもを理解し、保育の活動をより豊かにしていくために、大きく〈生活〉〈あそび〉〈課業（準課業的）〉と、**図1**のように三つの柱に分けて考えています。もちろん子どもたちにとっては、それを認識することは難しいことですが、まるごとの生活のなかで、「自分をたいせつにし、なかまと共に育ちあう」（子ども像）、そんな子どもになってほしいと願っています。幼児期は感性の時代であるといわれ、ほかの教育の時期とは違っています。「自分らしくっていいんだよ」「みんな違ってもいいんだよ」ということを感じる生活を創っていくには、子どもと子ども、子どもと大人、大人と大人、それぞれが自分らしく生きている関係を抜きにしてはできないように思います。とくに、「子どもから学ぶ」ことや、「子どもと共に創る保育」は、そうしたなかの大人の人間関係（職員集団）や人間観が問われることなのだと実感しています。

そして、なんといっても子どもの生活の中心はあそびだと考えています。自分がまるごと受け止められ、夢中になって、ワクワク、ドキドキ遊ぶなかでこそ、子どもは「自分をたいせつにする」、つまり「自分らしさ」が育っていくのだと思います。子どもがあそびのなかで主人公になって夢中になっているときは、自信にあふれ、ほんとうにすてきな顔を見せてくれます（それはもちろん、一見マイナスと思われる、くやしい、悲しい、こわい、さみしい感情なども含めてですが）。そして、あそびって一人で遊ぶのも楽しいけれど、友だちと遊ぶのはもっと楽しいという感性を、たっぷり育てたいと願っています。それは、子どもたちが大好きな友だちのなかでこそ、人間としてたいせつな生きていく力（自律的自己コントロール力）も育っていくと思うからです。幼児期の保育のなかで育つ友だち大好き（大きくいえば、人間大好き）の心を、ていねいに豊かに育んでいきたいと考えています。

(2) 生活――「そういうこともあるよね」の心で

生活のなかには、二つの視点があると考えています。

一つは、一人ひとりの生理的要求を人間的に満たす力としての文化様式をつくること、それがつまり、基本的生活習慣の獲得です。食事や排泄などを自分でできることは、あそびや活動をより自由にするためのたいせつな力でもあり、乳児からの継続的な働きかけが必要であると考えています。

5　歳　児
・大きな集団の中の自分を自覚し、自立して生活する
・安心して集団生活を楽しみ、友だちのかかわりのなかで自分を見つめ自己充実をはかろうとする ・あそびや生活の中で自主的に問題解決しながら、遊びや生活を組織し、当番活動をやるなかで達成感を味わう
・イメージを共有し、目的意識をもってあそびを作り出すおもしろさを味わう
・ストーリーを理解して創造の世界を広げ、楽しさを仲間と共感できる ・言葉のひびきやリズムを楽しめる
・自分の思いや想像を仲間とともに共感し、ていねいに表現する ・目的を持っていろいろな素材を利用して、造形表現ができる
・集団で作り出す喜びを味わうとともに、困難や失敗があっても乗り越えようとする ・集団生活の中で必要な仕事を分担し、自主的に運営しようとする
・きれいな声を意識し、歌詞の意味を理解して心を込めて歌おうとする ・リズム運動で友だちの動きに目が向き、より美しい表現をしようとする
・丈夫な体になろうとし自分から健康管理をしようとする ・自分と友だちの動きの違いに気づき、伝えあいをしながらいろいろな運動を楽しめる
〈言語〉 ・相手にわかるように自分の考えを話し、相手の考えも聞いて話し合い活動ができる ・あそびや生活経験の中で違いがわかり、～だけど～だなど自律的自己コントロールができる 〈認識〉 ・自分なりの見通しを持って生活やあそびができる 〈文字〉 ・書き言葉文化への関心を持ち、音節分解を楽しんだりあそびや生活の中で文字表現の必要性を感じながら文字を書こうとする ・あそびや生活の中で、数、図形、空間、時間などの抽象表現に関心を持つ
・身近な自然や社会に目を向け、感動や疑問を持ち、交流したり調べたりして探究する

	3　歳　児	4　歳　児
基本的生活習慣	・園生活のリズムがわかる ・自分でできる力を持つことを喜びとし生活する	・友だちや先生の中で個々のゆれをのりこえ、自覚的に生活できるようになる
集　団	・生活やあそびの中で自分の本音を出し園生活を楽しむ ・友だちの様子に目が向けられ、友だちを好きになる ・小さな集団を意識しながら当番活動を経験しようとする	・丸ごと自分を出して生活やあそびを楽しめる ・仲間がいることが十分楽しめる ・安心して集団で甘えられ、友だちからの要求も受け止められるようになる ・当番活動をやるなかでみんなのためにやれる喜びを知る
あそび	・いろいろなあそびに触れ、楽しみながら好きなあそびを見つけることができる	・好きなあそびを誘ったり誘われたりしながら違ったあそびのおもしろさに気づき、楽しめる
文　学	・絵本を読んでもらう楽しさをを知る	・絵本が好きになり、気に入った本が見つけられる ・絵本の楽しさを仲間と共感できる
美　術	・描く楽しさを知り、自発的に描こうとする ・たくさんの素材に出会い、いろいろな表現を楽しむ	・自分が描きたいイメージを持ちながら楽しんで絵を描く ・たくさんの素材に出会い、いろいろな表現（立体表現）を楽しむ
労　働	・先生や大きい子のまねをしながら、片付けや給食の支度や掃除など自分でしようとする ・大きい子のしている労働的活動を見たり、まねをしたりする	・生活の中での必要な仕事を覚え、当番活動などをしながら自分たちでやろうとする ・集団で作り出す喜びを知り、やり遂げようとする
音　楽	・生活やあそびにあった歌を歌いながら、歌う楽しさを共感することができる ・音楽にあわせてリズム運動をする楽しさを知る	・みんなで歌う楽しさがわかり、歌うことが好きになる ・リズム運動の楽しさを知り、きれいな動きに目を向けられるようになる
体	・あそびやさんぽの中で体を動かす楽しさをしる	・体の不快感に気づく ・新しい動きでも楽しさに支えられてやってみようとする
言　語	〈言語〉 ・あそびや生活の中で自分の思いを言語、表情、しぐさで伝えようとする ・先生の援助でテーマに沿った話し合いに集中する 〈認識〉 ・あそびや生活経験の中でいろいろな違いに気づき、わかろうとする	〈言語〉 ・自分の思いや要求を言語で表現しようとする ・先生や友だちの言葉によって自分の気持ちを見つめ自己コントロールしようとする 〈認識〉 ・あそびや生活経験の中でいろいろな違いに気づき、気持ちを調整して行動しようとする
科　学	・身近な自然や社会に目を向け、感動や疑問を持つ	・身近な自然や社会に目を向け、感動や疑問を持ち、自分なりに考えようとする

表1　あおぞらの年間目標

日常の子どもたちを見ていても、実感するところです。

もう一つは、民主的に人とかかわる力としての〝集団〟の視点です。入園当初は、親から離れ「知らない大人や子どもたち」が集まる園へきた子どもは、自分の思いを出すことさえ緊張します。そんな子どもたちがしばらくすると居場所をつくり、友だちに目が向き、自分だけでなくそこにいるなかまと、あそびや生活を自主的に創っていこうとする姿が見られるようになってきます。その過程には子どもたちそれぞれの、さまざまな葛藤のドラマがあります。そうした、友だちを求め、そのかかわりを深めていくことをうながす働きかけです。といっても、子ども心はいろいろですから、大人は「そういうこともあるよね」の心で接していくことがたいせつだと思うのです。

実践記録

〈そういうこともあるよね！〉

そらぐみ（四歳児）のある日のエピソードです。

お昼になって、グループごとに当番が配膳の準備をすることになりました。ところが、テントウ虫グループだけが進みません。ふうや君が「やりたくない、つかれた」といって、机に伏せてしまっているからなのです。同じグループのゆうき君も「イヤ、きのうやったもん！」といっているし、いくみちゃんも「あたし、その前」といって、三人とも動きません。そのうち、ほかのグループの仕度ができ、食べ始めてしまいました。それを見てゆうき君は「おいしそう」と元気なくつぶやいています。いくみちゃんは自分のご飯を一粒ずつ食べ始めてしまいました。

午前中おにごっこをしていて、ずっと走りまわって遊んでいたふうや君。「つかれたー」という声を何回か聞いていて、ほんとうに疲れているのは分かっていたのですが、保育者も月並みに「いくみちゃんもゆうき君も困ってるよ、おなかすいたって」と声をかけました。すると、「イヤだもん、やりたくないもん」と怒ってしまいました。そんなやりとりを聞いていた隣グループのりなちゃんが、「そういうこともあるんだよね、ふうや君」と声をかけています。それがゆうき君に聞こえたらしくて、ゆうき君がすくっと立って、「じゃあ、ゆうき、やるよ」といったのです。それで保育者は「じゃあ、いくみちゃんの分と自分の配膳だけやるの？」というと、ふうや君は怒りながら、「イヤ！　それじゃあイヤ。今、やりたくないの、あしたやる！」と強くいったのです。想像してなかったふうや君の言葉に感心して、「へえ、そうなんだ、ねえ、そういっているけど二人はいいの？」と聞くと、二人とも「いいよ」と承諾してくれ、この日はやっとお昼になったのです。よかった！　よかった！　もちろん次の日、ふうや君ははりきって当番をやったのです。

（3）あそび——子どものまるごと（言葉・表情・動き）に目を向けて

なんといっても、子どもの生活の中心は「あそび」です。あそびには現実的模倣あそび（素材あそび、採集あそび、作って遊ぶなど）、虚構的模倣あそび（ごっこあそび、ルールのあるあそび）、両方の側面を持ったあそび（表現するあそび）など、たくさんの種類があります。そして、遊ぶという具体的な経験のなかで、身体、認識、言語、表現などの発達がうながされ、人とかかわる力や人格の基本となる感情（うれしい、くやしい、悲しい、がんばる、勇気など）が育っていくと考えています。

といっても、あそびはおもしろさの追求であり、おもしろくなければあそびではありません。一見つまらなそうな子どもの一言や動きにつきあってみると、子どもの発想のやわらかさにハッとすることはしばしばです。そしてこのおもしろさにつきあっていくと、おもしろくって大人のほうがむきになってしまうものです。

①なにげないあそびをもっと楽しく

「子どもたちは遊べなくなった」という声も聞かれますが、子どもの一見つまらなそうなことや、気まぐれのような思いに共感してつきあっていくと、あそびが楽しくなってくるものです。

●実践記録●

〈消防ごっこは楽しいな〉～三歳児～

防災ズキンをかぶるのが大好きなひろき君。この日も朝から防災ズキンをかぶって、あっちへ行ったりこっちへ来たりしています。そこで、保育者もかぶって、「ひろ君といっしょだねえ」というとにっこり顔です。ちょうどそこにあった机を二つ並べて、「ひろ君、これ、消防自動車にしない？」というとうれしそうに乗ってきて、さっそく運転手をしています。そこで、今度はひもを切って、ホース代わりに机の隅にしばって、「ジャ〜、ジャ〜」とやり始めると、とし君、こうじ君、みち君、のり君、ともき君達五人がなかま入りしてきて、ギュウギュウづめの車になりました。「まるで、てぶくろみたい（絵本『てぶくろ』福音館書店）だねえ」というと、みんなとてもうれしそう。

こうじ「せんせい、火事どこ？」
まいこ「ジリジリ〜、ジリ〜」（電話をかけるまね）
かな「もしもし、もしもし」（手をグーにして耳において、電話をかける）
まいこ「火事です」
かな「あそこです」（部屋の隅っこを指して）
としはる「いくよー、ウ〜、ウ〜」

すると、車に乗っていた子たちみんなで「ウ〜ウ〜」の大合唱となり、消火活動をすると、また電話が二人からかかってきて……と、何回も何回も楽しんだ消防ごっこでした。

②クラス単位の総合的あそび（なにげないあそびから始まるみんなの活動）

これは、日常のなにげないあそびを保育者の働きかけでつないでいき、クラスでいっしょに取り組むものです。実践例として、後に〈こおり鬼ごっこ〉を紹介しておきます。それと、あおぞらでは、パーティーが一年を通してたくさんあります。一つは誕生会です。

生まれたその日に、一人ひとり注目してお祝いします。それは、給食を食べているときであったり、散歩のときであったりいろいろです。「おめでとう」は抱っこや握手、歌、摘んだ花のプレゼントや折り紙の作品などなど、クラスを越えてお祝いの気持ちを現しています。

そして、誕生会はクラスを中心に計画しています。二人いれば二人で相談してパーティーの中味を決めるのですが、たいてい「作って食べるパーティー」か「お出かけパーティ」ーです。

誕生会のパーティーの日も、生まれ月のなかのどこかの日で行なわれ、プレゼントとしてあげる誕生日カード（クラスの友だちの絵や言葉が書いてある）も、生まれ月のどこかで製作するというゆるやかなものです。四歳児になるとこの誕生会をとっても楽しみにしていて、「私はチョコレートケーキを作る」「私の家にきてほしい」「動物園に行きたい」などと、その日がくるのを楽しみにしています。

そして誕生会をすると、「五歳になる」ことがとってもうれしくって、それを機に「きらいな野菜を食べるようになった」「片付けを自分からするようになった」などのお便りをお家の人からよくもらいます。誕生会があることで、大きくなることを喜びとして感じられる子どもたちになっています。

そしてもう一つは、うれしいことがあったとき、元気がないとき、なにかにとりくんでクラスすべての子どもにできる力が育ったときなど、それをパーティーという形でクラス全員で喜びあっています。

実践記録

〈こおり鬼ごっこ〉

こおり鬼（つかまったら、氷みたいに固まって動かず、〝たすけてー〟と叫んでいると、つかまってない子がタッチして生き返るのです。みんな氷になったらタイムオーバーで、鬼を決めなおす）が好きで、メンバーはそのときどきで変わるのですが、継続的に毎日楽しんでいます。といっても、私は体力的についていけないところもあり、若いみなこ先生がいっしょに楽しんでいます。ところが、鬼役はみなこ先生ばかりで、つかまえられそうになるとタイムをしてすぐにやめてしまうのです。けっきょく、おもしろくなくって、みなこ先生を中心に話し合いをするけれど、変わらない日が続いていた二月。この日、私も途中からなかま入りしたのですが、やっぱり同じでした。そこでちょっぴり強引に、声をかけてみました。

保育者「もう、おもしろくないから、二つの組に分かれて、つかまえられたら家に入って助けにきてもらって、触ったら生き返るっていうのはどう?」
り　さ「やーめた、おもしろくなーい」
あきら「オレも」
しんたろう「やめよーっと」（次つぎに部屋に入ろうとする）
保育者「えーっ、考えがあるのなら、ちゃんといってほしい」
り　さ「イヤ」
ひさし「岡ちゃんの考え、イヤだから」
あきら「あきらも」
しんたろう「僕も」
保育者「分かった、やめるよ。じゃあ、つかまえようとするとタイムっていうのはつまらないっていってるのは、どう思う?」
あきら「けんたろう君、つかまるの、イヤなんだよ」
けんたろう「つかまるの、イヤ」
保育者「そうなんだ、みなこ先生は、どう思う?」
みなこ先生「つまんない、イヤ。すぐタイムっていうんだから」
り　さ「じゃあ、やめれば?」（けんたろう君に）

けんたろう　「おもしろくない！（やめたくないこと）」
保育者　「滑り台の上に、乗っちゃうのは？（上へ登って、おりてこない）」
けんや　「つかれるから（乗ってしまう）」
ひさし　「じゃあ、休めばいいよ」
保育者　「どんなとき？」
しんたろう　「つかまらないときだよ」
保育者　「どのくらい？」
り　さ　「自分でかぞえれば？」
しんたろう　「一〇さあ」
保育者　「つかまりそうになるときのタイムはだめで、そうじゃないときは自分で一〇かぞえるっていうのでいいの？」

この問いかけに、ほかの子はいいというのですが、けんたろう君はおもしろくない顔をしています。すると、ひさし君が「けんちゃん、はやいじゃん」というと、あきら君も「そうだよ」。けんや君にも「ねえ（はやいよ）」といわれて元気になり、さっそくこおり鬼が始まりました。

ところが、今度は滑り台の上に登ったけんたろう君が、鬼のしんたろう君とりさちゃんにハサミうちされると、滑り台の上で泣いて怒ってしまったのです。それを見てひさし君が「分かる！　ハサミうちされて触られて、イヤなんだよ」と叫びました。保育者が「ハサミうちは、だめなの？」

というと、「いいよー」と返事が子どもから返ってくると、ますます泣いて怒るけんたろう君。そんなとき、のんびりと、けんや君が「鬼みたーい、こわーい」といったのです。みんなで顔を見合わせクスクスって笑ったので和やかになり、けんたろう君も泣きやんでしまいました。そして、「たいようさんだって、作戦やってる」「そう、こうだい君ちねえ……」と、みんなが大好きなたいようさんの話を始めたひさし君やあきら君たちの声が届いたのか、けんたろう君が大きな声で、「もう！　いつまでやってるんだよー（この話）」と、こおり鬼の始まりをさいそくするので、あ然でした。

そのあとみんなで何回も何回もやり、鬼のきらいだったりさちゃんも「あたし、鬼、おもしろい」というほどでした。このルールはその後、ほかのみんなにも伝わって楽しんでいきました。

〈パーティー〉

四歳児クラスの話。五月に入り、散歩をしているときなど、子どもたちがときどき「動物園へ行きたいね」と話しているのが聞こえました。三歳児が入園して、大きくなった喜びに支えられているのでしょう。給食のとき、食べて終わると片付けをしないでビューンと、どこかへ行ってしまうことがほんとうに減ってきました。

新しくそらぐみ（四歳児）に入園したまゆこちゃん、ゆういち君が、お弁当しばり（こま結びで

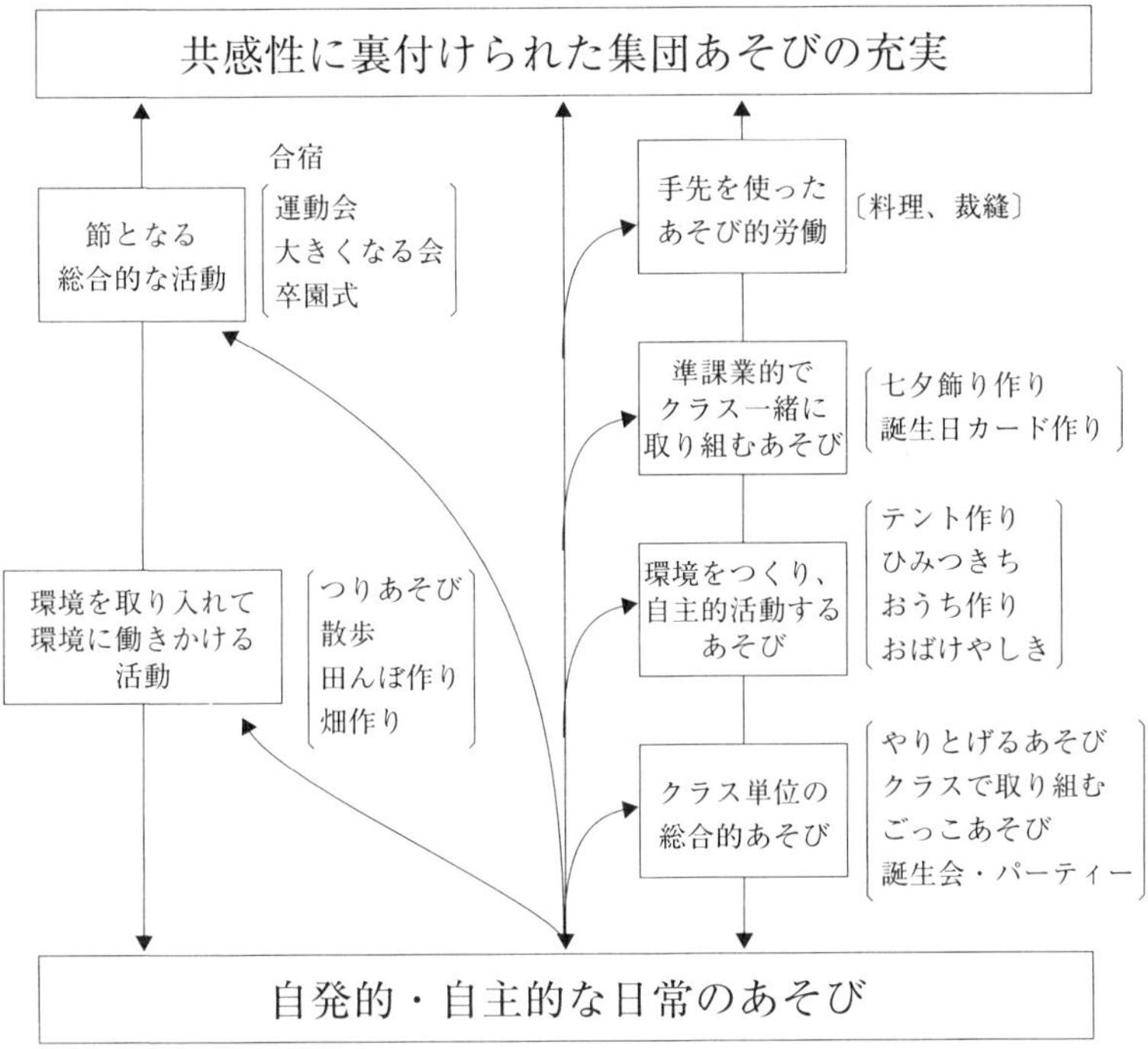

図2　あそびの構造図

片付ける。ほかの子は三歳児のときにできるようになってパーティーをしています）ができるようになったのです。それをお昼のときみんなの前でやってくれて、「おめでとう」のシャワーをたくさんもらい、二人もうれしそうです。その二人の姿を見て、「あたしも、見せてあげる」「見ててー」と、お弁当をしまった子がお弁当をとりに走って行ってしまいました。戻ってきて、「ウサギのお耳をペケにして、トンネルくぐってポッポー」の歌にあわせながら見せてくれました。あんまりうれしそうな顔に保育者が、「みんながお弁当しばりできたし、お片付けもすごーく上手になったし、パーティーしたいねえ」というと、それはそれは大喜びです。

そこで、「動物園へ行くパーティーっていうのは、どうかなあ？」というと、子どもたちはピョンピョンはねて、「ねえ、いつ行くの？」「あした？」「あと、いくつ寝ると？」と次つぎに聞くので、「今日は、もう帰らなくちゃあいけないし、外で遊んでいる友だちもいるし、あした相談しよう」ということで、次の日、パーティーの相談をすることになりました。

以上、「あおぞら」でのあそびの展開について概略を述べてきましたが、私たちはあそびの構造を図２のような形でとらえています。一人ひとりの楽しさから、共感しあってなかまと遊ぶ楽しさの方向に目標が向けられています。なかまと遊ぶ楽しさはまた、日常のなにげないあそびの楽しさの充実に戻って循環していると考えています。

(4) 課業（準課業的）――子どもの要求に応えて

おもしろさの追求であるあそびは、子どもの自主性・主体性をたいせつにすることはいうまでもありません。しかし、すべてを子どもの自主性・主体性にまかせておけばいいとは思いません。絵本をみることひとつとっても、意図的な働きかけをぬきにしては、絵本と出会わないままになることもあります。また、周りを気にしたり、得意でないと「やりたくない」ということで、経験する機会もなくなってしまいます。

とくに「できる力」は、できないと周りの友だちと比較してしまい、やる気を失いがちです。たとえば、川あそびで浮くことは、浮く前と違ったあそびを経験することです。できる力はいいかえると、新しいあそびのおもしろさを味わう切符だと思うのです。そして、その切符をほしいという要求が友だちのなかで高まり、友だちに支えられて育つことで、より大きな自信が育っていくのだと思っています。

一人ひとりが発達的課題を持ち、その課題をクリアーしていくことは、あそびや生活がより豊かになっていくものです。ですから、あそびだけでなく、保育者の側が意図的に用意する活動を「課業」として位置づけています。

本来、子どもはやりたがりやの、知りたがりやの、聞きたがりやであると思うのです。といってもこれは、時期や時間を設定して一斉に行なうのではなく、一年間を貫いて行なわれる総合的活動やあそびなどとかかわらせつつ、子どもの要求に応える形で適宜に取り入れていくものです。それゆえに私たちの園では「課業」とはいわずにあえて「準課業的」と呼んでいます。（三二頁の**図1**参照）

たとえば、次に紹介する〈川が冷たいかどうか、調べてみたい〉は、「準課業的」な位置付けの科学的認識の形成にあたります。子どもの発想から冬の川の冷たさを調べることになります。それにちなんで子どもたちは、自然のなかの温度差によるさまざまな現象にハッとします。冬の川にも冷たい所と冷たくない所があることを発見します。楽しく知的好奇心をふくらませ、試したり、調べたりして発見したことを伝え合っていきます。まさに『センス・オブ・ワンダー』（レイチェル・カーソン著、新潮社）の体験です。

その体験は、心踊る楽しさと共に子どもの内面に血肉化されます。概念を教え込むことではなく、子どもの心に科学の芽を育てていくのです。このように生活のなかで子どもの発想から科学する力を自然に育んでいく方法を、科学的認識を培う「準課業的活動」と位置付けています。

ここでは例として「科学」をあげましたが、**図1**にあるほかの「美術」「労働」「言語」「体」「音楽」「文学」も同様に日常の生活やあそびのなかで、ときどきの子どもたちの要求に応える形で、発達的課題に対応した準課業的活動に展開するよう意識しています。

実践記録

〈川が冷たいかどうか、調べてみたい〉

寒い朝でした。園のまわりの茶畑は一面霜が降りて、まるで雪が降ったような景色です。登園してきたちとせちゃんが「川が冷たいかどうか、調べてみたい」というのです。そこで、保育者が「じゃあ、調べに行こう」というと、りこちゃんとよしあき君がついてきました。川へ降りて、そっと手を川に入れ振り向いて、りこちゃんが「冷たーい！」といいながら、保育者の後ろの茶畑を見て「あっ！　けむり！」というのです。振り向くと、お茶の葉に日が当り蒸気が出ていて、とてもすてきな光景なのです。よしあき君も「冷たーい、風邪ひきそうだ」といいながら振り向いて「魔法のゆげだ！」と叫んでいます。ちとせちゃんは「冷たーい、きもちいいよー、りこちゃんきてー」と、川のなかにあるカメの背中みたいな石に乗って喜んでいます。

するとよしあき君が「みんなも呼んでくるよー」というので、「うん、先生、ここにいるから、気をつけてね」と返事をすると、道路を渡って走っていきました。

たいようぐみ（五歳児）の、ぜんのすけ君と手裏剣作りをしているこうだい君をさそったのですが断られ、まさき君には、たいようさんと靴かくしをしているからと断られ、ほーちゃんはどろんこに夢中だし、やってきたのはりょうすけ君とちあきちゃん。ちとせちゃんが「きもちいいよー」と二人に声をかけています。するとちあきちゃんは「私も調べてみる。どこが冷たいか、どこがあったかいか」といって降りてきました。そっと水のなかに手を入れ「冷たーい、フフフ」とうれしそうです。よしあき君も手を入れて「さむい、さむい」というと、ちとせちゃんは「冷たくないよー」と、さっきのところに手を入れていっています。それを見てりょうすけ君も「僕も調べてみる」と川へ降りてきました。どうも川のなかは、冷たい所と冷たくない所があるようなので、保育者もいっしょに手を入れてみると、ほんとうにそうなのです。「ここが、あったかい」「こっちは冷たい」といいあって、なにかうれしくなってしまうみんなでした。

そこへ、としあき君が「やるー」と降りてきて、川のなかへ入って重そうな石をどぼーんとやってニッコリするのを見ると、石の上に乗っていた子どもたちも靴をぬぎ、川のなかへ入ってしまいました。りょうすけ君は死んだカニを見つけてびっくりして、「あ！　カニ死んでる、冷たーい」と叫んでいます。よしあき君は発泡スチロールのゴミを見つけ、「地球が病気になる！」と、ちとせちゃんと川のゴミ拾い。すぐ石の上に乗っては、また、川に入るのですが、やっぱり冷たい川。りょうすけ君の「さむくて、いたーい、しびれるー」の言葉で、ほかの子も「冷たい」「冷たい」と、川からあがってきました。ほんの一〇分ほどでしたが楽しいひとときでした。

(5) 節となる総合的な活動

「あおぞら」の一年は、出会いから始まり、最後の「大きくなる会（パーティー）」で終わります。その間には日々の生活があり、日常の「なにげない活動」からあそびや準課業的活動、総合的活動へと発展させていきます。

園として、クラスとしてたいせつにしている総合的活動は「秋のあそび虫うんどう会」と三月の「大きくなる会」の二つだけです。

こうした活動は、〝できる〟ことが目標となりがちですが、創り出す・意欲をもてる・自分が発揮できる・友だちの思いを自分の心に受け止められるなど、内面の発達をたいせつにして取り組んでいます。内容も子どものあそびや生活のなかで生まれてくるものを、子どもといっしょに決めています。

運動会や大きくなる会はその日で終わりでなく、それまでのあそびや活動、そして会が終わってからも、運動会ごっこや大きくなる会でやったあそびが続くなど、日常につながっていくことをたいせつにしています。そしてこの日はお父さんやお母さんも参加してもらい、親と保育者で子どもたちが大きくなったことを喜び合い、共感し合える場となっています。

そこで、四歳児の実践記録にもこの二つのパーティーをくわしくとりあげました。とりわけ「秋のあそび虫うんどう会」にはたくさんのページをさいています。

そんなに長々した記録についていけないと思う方がおられるかもしれません。いや、それが違うのです。このプロセスのなかに「あおぞら」ならではの中味の濃い保育が展開されていくのです。まさに、子どもとつくる保育内容が展開されていきます。

運動会は、五歳児たいようぐみのやっているのを見て、やりたくなるところから始まります。せんべい食い競争の練習でせんべいを食べているたいようぐみに、せんべいをもらいにいくと〝入れて〟といって運動会の練習に参加しないとだめだ〟といわれながらも入れてもらうことに決めたり、そうしているうちに、いつのまにか自分たちに呼びかけもしないでたいようぐみだけでかけっこをしてしまっていることを怒ったり、というように年長クラスとのクラス同士でのやりとりもあります。そういう経過をへて、もうたいようぐみには頼らないで、そらぐみのうんどう会をやるんだという自治集団が育ち、自分たちの種目を決め、自分たちの企画に取り組みはじめます。そのなかには、ふだんからやってきているごっこあそびや絵本の内容もどんどんでてきます。

中心はそう流れているのですが、子どもたちはその間にもおうちごっこやさら粉あそびなど運動会とは直接関係のないあそびをしながら自分のペースで加わっていきます。

そうして練り上げるプロセスには長い長い〝間〟があり、ああでもないこうでもないと考え合い、楽しみながらつくっていきます。

玉入れでは、結果を一つ二つの声でとなえるのでは、「みんなで数えると分からなくなる」という子の言葉に学んで、保育者たちは線を引きマスを書いて、そこに玉を並べていくことを考えつき、視覚に訴える方法を取るとみんなは実によく勝ち負けを納得します。保育者たちは子どもの声を「負けを認めない分からんちん」ととらえるのでなく、分かるような手立てをとっていき、子どもに学び子どもと共に保育を創っていこうとしています。まさに「準課業的な活動」がたくさんくみこまれているわけです。

当日までの二〇日間余、結果のための練習とはまったく異なり、いつものごっこあそびから歌をつくって踊りも考え、楽しく想像と創造を結合した活動を展開していきます。

そして当日は、父母たちの前でちょっぴり緊張しながら、笑ったり怒ったり困ったりと豊かな表情を出しながら充実した日を創りあげていきます。

しかし、これで終わりではありません。家庭でも園でも運動会ごっこがつきなく続いていきます。たとえば河原を散歩していて面白い棒を拾うと、パン食い競争をしようということになり、保育者たちは持ってきたおやつにひもをつけてせんべい食い競争としてひとしきりあそんだりします。そして五歳になると、じゅずだまやどんぐりをひろって袋をぬってそれに入れ、玉入れの玉作りも自分たちでやる力がついてきます。そういうように、一つの活動がえんえんとつながり、さまざまな感性と能力を豊かな実体験のなかで身につけていきます。

こういうところに、運動会の実践記録は長くても読んでいただく意味があると考えています。

（＊この項（5）は金田）

(6) 友だち大好きから、育ち合うなかまたちへ

幼児の活動は、いろいろな要素が含まれていて、一つの側面で見ていくのはとても難しいと思っています。

しかし、こんな子どもになってほしい（子ども像）と願うことが、日常のあそびや生活と具体的に結びつくなかでこそ、はじめて、保育が見えてくるように思います。自分らしさとは、自分が好きになる心（自己肯定感）、自分に自信がもてる心だと思うのです。それは園にくるのが楽しくって、友だち大好きの心に支えられて、どんな自分も出せることなくしては生まれないことだと思います。ふざける姿も、怒る姿も、甘える姿も、元気がない姿も、一見大人が「困ったなあ」と思えるような姿も、みんな、みんな、そこが安心できるからこその姿だと思うのです。

そして、そんな心を子どもたち同士が共感し合って、あそんだり生活するなかで、分かる力、できる力、感じることができる力も育ち、人間らしく生きる力の感性的土台が育つのではないかと思います。そんな心に、保育者もいっしょに笑ったり、涙したり、悲しくなったり、本気で怒ったり……という毎日。それが、「子どもから学び、子どもと共に創っていく保育」ではないかと思うのです。

実践記録

〈笑っても、泣いても、楽しいね〉～三歳児～

もう春かしら？　と思うような日が続いていた二月のある日。この日も、五月を思わせる暖かさで、風もなくお散歩日和です。

にじさん（三歳児）は草スキーが大好きで、「草スキー、行こうか？」というと目の色が変わるくらいです。みんなが集まる間、みち君、りょうすけ君が鬼で、ふうちゃん、かなちゃん、あいちゃん、りさちゃんで「あぶくたった」が始まっています。目的地は園を出て藁科川の土手にぶつかったら左に曲がって、ずーっと行った藁科学園の裏側の土手です。一度行ったことのある子どもたちは「行き方、分かる」「教えてやるからついてきて」なんて、とても頼もしく出発です（小さくても、そんなときの子どもって、大きく見えるものですね）。

土手は二つに切れていて、分かりにくくなると先頭を歩くげんちゃん、のり君、しょうちゃんがみんなを待っていてくれたり、佐藤先生には、りょうすけ君とはる君が道を教えてあげたりと、なかなか頼もしいです。迷路みたいな道はいろんなものが落ちていて、あっという間に子どもの手は、ゴミ（?）だったり、お花だったりの宝物でいっぱいです。

一時間半ほどかけて到着。大きなダンボールを四枚持っていったので、ダンボールごとに分かれてすべりっこが始まりました。しいなちゃん、かなちゃん、りさちゃんは、長い距離のほうの土手にいるほかの子どもたちから離れて三人ですべっています。「前に乗りたい」としいなちゃんが泣くと、三人でくっついて何か話しています。しばらくすると、また三人ですべり始めています。あいちゃん、ふうちゃん、まいこちゃんの三人は、すべっているときもすごく大きな声でしゃべって笑い転げて、まわりも圧倒されてしまうほどです。

のりふみ君、げんた君、りゅうや君、りゅうのすけ君、ゆきなが君は寝転がったり、立ったり、そのうち自分で転がったり、すごい勢いでよくほかのダンボールとぶつかりっこして、とても派手にすべっています。ひろき君、しょうちゃん、みち君、ゆうり君、とし君、りょうすけ君は、はじめ六人ですべっていたのです。すると、とし君と、しょうちゃんとで大泣きのケンカが始まりました。原因は先頭を二回もやったしょうちゃんに「僕、なにもやってない！」と、とし君が怒っていて、取っ組み合いになったようです。保育者が理由を聞いている横で、ゆうり君が「しょうちゃん、二回もやっているから、ダメ」というのです。するとりょうすけ君が「今度、だれ?」と聞いて、ゆうり君が「とし君で、次が、ゆうり」ときっぱり。それを聞いていたしょうちゃんも納得です。その後は、また仲良くすべり始めました。

ひとあそびしてからお昼になりました。お昼はダンボールで遊んだ同士、集まってひろげています。ところが、リュックをあけるとげんた君のお弁当がありません。びっくりするげんた君は元気がなくなってしまいました。すると「かぼちゃひと切れ」「ウインナー一個」「リンゴ一個」などなど、みんなが「あげるよ」と持ってきてくれ、お弁当のふたがいっぱいになりました。元気になったげんた君は大きな声で「いただきま〜す」（げんちゃん、よかったね！）。

陽だまりで食べ始めると風が吹き、りょうすけ君のビニール袋が飛んでいってしまいました。それを見たゆうり君が走ってとりにいったのです。すると子どもたちから「ゆうり君、がんばってー」の声があがったのです。拾って戻ってくるゆうり君の顔はニコニコでした。すると、またまた風が吹き、しょうちゃんのビニール袋が飛んでしまったのです。今度はとし君が走ってとりに行くと、またまた「とし君、がんばってー」コールがわき、とし君もとってもうれしそうでした。

しばらくして、食べ終わったしいなちゃんが、ダンボールに一人で乗ろうとしています。それを見たふみえちゃんは「これは、みんなのだからね」。りさちゃんも「そうだねえ」というので、しいなちゃんは困った顔になってしまいました。でも二人に「いっしょにやろう」といわれて、ニッコリ顔。三人で笑い転げてすべっていました。

さて、全員食べ終わり、またダンボールすべりやこおり鬼ごっこ、家族ごっこを楽しんでいる、そんなときでした。土手にテントウ虫がいるのを見つけ、大騒ぎです。よーく見ると、いぬふぐりの花も枯草の間から顔をだしています。それからは「春みつけ」。よーく見ると、クローバーやタンポポ、よもぎなどと、春がいっぱいでした。今日も、笑った顔、困った顔、泣いた顔、元気のない顔、いろんな顔のにじさん。でも、みんなといると楽しいね。

草スキーもひと休み

〈ひとりで、食べたい〉〜四歳児〜

今日は、まなみちゃんの誕生日です。まなみちゃんが「家にきてほしい」というので、みんなでまなみちゃんの家にでかけました。まなみちゃんの家で少し遊んだ後、まなみちゃんがパーティーは「草スキーして遊びたい」といっていたことを伝えて、まなみちゃんの家の裏にある蓼科川の土手で草スキーをすることにしました。おじいちゃんがダンボールを用意してくれました（ありがとう）。お昼近かったけど、さっそく思い思いにすべるみんな。そんななか、なんとなく元気がないまゆこちゃんです。ダンボールの上に座って見ているのです。

そのうち、「おなかすいたー」の声が広がったので、土手の下の陽だまりでお昼をとることになりました。シートを敷いていると、けんご君、ひさし君がやってきて「まゆこちゃん、なにかおかしい。どうした？　っていっても、なんにもいわない」というのです。そこで土手の上のまゆこちゃんのところへ行くと、ほんとうに元気がなくって、ひざを抱え込んで伏せているのです。「どうしたの？」といっても、何を聞いても返事がありません。そこで「じゃあ、お話できるようになったらいってね。みんな、おなかすいたというから、先に食べてていいかしら？」というと、うなずくまゆこちゃん。土手の下に降りて行き、お昼の仕度をしているみんなにそのことを伝えて、先に「いただきます」をしました。

その後、保育者は「お話できるようになったか、聞いてくるね」といってまゆこちゃんのところへ行き、「もう、お話できる？」と聞くと、かすかにうなずくまゆこちゃん。ひとこと、「一人で食べたい」というのです。保育者が「そうかなあ。じゃあ、ここじゃあ下から見えなくって心配だから、もう少しこっちにきて、見えるところで食べてくれる？」というと、「うん」とうなずくまゆこちゃん。そこでいっしょにシートを敷くのを手伝いながら聞いてみました。

保育者　「ねえ、聞いてもいいかなあ、ひとつだけ」

まゆこ　「いいよ」

保育者　「まゆこちゃんさあ、ダンボールですべるの、こわい？」

まゆこ「うん」
保育者「そうだったんだ。じゃあ、お昼食べたら、抱っこでやる?」
まゆこ「ううん」
保育者「じゃあ、おんぶはどう? こわくないし、いいよ」
まゆこ「うん、そうする」(やっと笑顔に)
そこでもう一回「みんなのところで食べる?」と聞くと、「いい」というので、土手の上で「いただきます」をしたまゆこちゃんでした。下に行って、今話していたことをみんなに伝えました。
けんご「いっしょに、すべるよ!」
だいし「聞いてみる。食べたら」
あきら君はさっそく靴をはいてまゆこちゃんのところへ。
あきら「いっしょにすべるって! 肩につかまれば大丈夫だからって。だから(あきら)いっしょにすべる!」
しんたろう「オレ、まゆこちゃん、こわい(と言っている)から、いっしょにやってやるよ」
そして、お昼を食べ終わると、まだ食べている保育者をおいて、まゆこちゃんは、あきら君や、けんご君、しんたろう君の背中にくっついてかわるがわるすべり(まゆこちゃんを、とりっこでした)、とってもいいお顔でやっています。その後は、ずっとるんちゃんと二人すべりを楽しみました。今では「草スキー、楽しい!」というまゆこちゃんになりました。

〈きらいなんだもん〉～五歳児～

卒園をあと一ヵ月ほどで迎える、二月なかばごろでした。りゅうのすけ君が「ねえねえ先生、コマやろうよ」と声をかけてきました。ゆっ君、りさちゃんもいて、四人で始まりました。グループ分けで、保育者が「ねえねえりゅう君、いっしょになろうよー。だって、先生が勝って、りゅう君おんぶっていうと、泣くんだもん」といったのです。すると、りゅう君はニヤニヤしながら「いいよー」と答えてくれました。ゆっ君は「やったあー」といって、りさちゃんに笑顔をおくっていきます。コマ対決をやっているとだんだんなかま入りしてきて、人数が多くなってきました。

りさちゃんは、登園してきたあいちゃん、りこちゃんを見つけ、三人で外へ行ってしまいました。そのとき、ふみえちゃんが、「あいちゃん、きらい。りーちゃんも。りこちゃんと三人で遊んでいる、きらい。かなちゃん、まいちゃんはいいけど」と独り言をいっています。それで、「どうしたのふうちゃん、どんなわけがあるのかなあ?」と聞くと、ふうちゃんはプンプン顔で「もう、やるよー」とみんなに声をかけて、コマの対決が始まってしまいました。対決（一〇点とれたほうが勝ち）は、保育者がいるほうが負けでした。すると、一番に保育者の背中に乗るのり君は、ニコニコです（のり君は、重かった！）。

試合が終わったので、ふうちゃんの独り言で出てきていた女の子たちに「聞きたいことがあるけど、いいかなあ」と声をかけると、集まってきました。さっき、ふうちゃんがいっていたことを、みんなに伝え、それからふうちゃんに聞いてみました。

保育者「ふうちゃん、さっきいっていたこと、どんなわけがあるのかなあ？　聞かせてくれないかなあ？」

ふみえ「だってさあ、落とし穴のとき、入れてくれなかった」

「落とし穴のとき」とは——節分の前の日に落とし穴作りをしていたあいちゃん、りさちゃん。そこにふうちゃんが「入れてー」っていったのに、だまっていて入れてくれなかったことがあったのです。いろいろ話を聞いていって、あいちゃんにそのわけを聞くと「自分でもよく分かんない」といいます。そういうことをされて、ふうちゃんがとってもイヤな気持ちになったことをあいちゃんに伝え、「考えてね」と話ました。（トラブルの解決は心を通い合わせることを中心においている）

保育者「じゃあ、あいちゃんは、なにかいいたいことある？」

あいな「だって、いじわるするんだもん。座ったときとか」

ふみえ「だって、きらいなんだもん」

保育者「そうかあ、分かったよ。じゃあ、ふうちゃんから名前が出ていたほかのみんなはどう思うかなあ？」

まいこ　「まいちゃんね、落とし穴のとき、入れてあげればよかった」

り　こ　「いじわるするの、やめたら？」

保育者　「かなちゃんは、どう思うかなあ？」

か　な　「仲良くしたい」（ポツリと）

保育者　「そうか、かなちゃんは仲良くしたいって。先生も仲良くしたいなあー。でも難しいねえ、これは……ほんとうに。じゃあ、りさちゃんはどう思うかなあ？」

りさちゃんは困った顔でだまってしまいました。しばらく待ってもお話がないので、「そうかあ、難しいよね。でもさあ、りさちゃんのこともいっているし、りさちゃんも考えてほしいなあー。よーく考えて、お話ができるようになったらいってくれる？」と聞くと、うなずくりさちゃんでした。そこで、ふうちゃん、あいちゃんの二人に、「じゃあ、みんなの話を聞いて、どう思ったかなあ？」と聞くと、ふうちゃんは「きらいだもん」と涙ぐんでいます。あいちゃんも「いじわるやめてほしい」と硬い表情になってしまいました。

保育者も、なんといってよいのか分からず、「ほんとうに難しいねえ、この問題は。先生もこんな難しい問題、どう考えたらいいのか分からないなあー」といっていると、ちょん、ちょんと保育者をたたくりさちゃん。

り　さ　「りーちゃん、考えたよ」

保育者「そう、考えてくれた？　りーちゃんは、どう思う？」
り　さ「りーちゃん、みんなで遊びたい」
保育者「うーん、先生も同じ、同じだよ。りーちゃんと」
まいこ「先生！　ふうちゃんとあいちゃんは、いっしょのグループだよ」
保育者「あっ！　そうだったねえ。いっしょのグループなんだよねえー。その二人がきらいだって、困ったなあ。二人のこと、先生は好きなんだけどなあ」

そんな話をしていると、「どうした？」と、コマ大会の続きをしているこうじ君、のり君、りゅうのすけ君が、コマにひもを巻きつけながらやってきたのです。

保育者もホッとして思わず「あ！　聞いてくれる？　先生、難しくって」といいました。そして今までのことを伝えていると、ゆうり君、ゆっ君、ともき君、みち君もやってきました。聞き終わると、りゅうのすけ君が「うーん、難しいなあ〜」と実感を込めていうのです。みち君も「分かった、分かった、やさしくすればいい」といっています。

こうじ「それは、よーく分かるよ（実感を込めて）。僕、前、げんちゃんとケンカしたとき、そのうち忘れちゃって、仲良くなったよ」
げんた「そうだよなあー」（二人でうなずきあう）
保育者「そうか、そういうのどう？　忘れちゃうっていうの？」
二　人「イヤ」

保育者「困ったなあ、難しいねえー」
男の子たち「仲良くしたいよ、たいようさん」「そう、いっしょに泊まったし」「いっしょにやったほうが、コマも楽しい」「たいようぐみに、きらいな子がいるの、困る」
ゆうり「落とし穴のとき、（ふみえちゃん）入れてやればよかったんだよ」

するとまいちゃんが「コマ、あいちゃん、入ってなかった」と急に叫んだので、保育者もそれを思い出しました。「あっそうか、女の子みんなじゃあなかったよね。あいちゃん、入ってなかったの、そうなの？」と聞くと、二人とも「ウン」というのです。すかさず、りこちゃんも「りこちゃんと二人で、外にいたもん」。

他にしたいあそびがあったからコマあそびに入っていなかったのだと思っていたのです。でもあいちゃんの気持ちをよく確かめたわけではありませんでした。ふうちゃんがあいちゃんやりさちゃんとあそびたがっていたのと同じように、ほんとうは、あいちゃんも、みんなと一緒にコマをしたかったのかもしれません。よーく考えると、節分の豆まきのときからいっしょにはやっていなかったんです。二人にごめんなさいです。

「ねえ、ふうちゃん、あいちゃん、みんなの話を聞いて、どう思った？」と聞くと、ふうちゃんは泣き始め、とまらなくなり、「イヤだった」というあいちゃんも、涙ぐんでいます。「ふうちゃんは、なかまに入れてもらえなかったのがつらかったんだね。こんなに、いっぱいいっぱい悲しかったんだね」というと、ますます泣く、ふうちゃん。「あいちゃんも、いじわるされて、イヤだったんだね。それで、みんながあそんでいると、ほんとうは入りたかったのに、入らなかったんだね」というと、下を向くあいちゃんでした。すると、まいこちゃんは、「ふうちゃんさあ、入れてってというと、いつも小さい子も入れてくれるよ」というのです。
保育者「そうか、つらかったんだね」
泣くのがとまらなくなってしまったので、しばらくみんなで待ちました。
保育者「気持ちはう～んと、分かったよ。でもね、二人に考えてほしいんだけどね。どうしたら、前みたく、好きになれるのかなあ？」
ずーっと泣くふうちゃん。そして、うつむくあいちゃん。すると、まわりの子から「がんばってー」という声があがりました。
ふみえ「あやまってほしい」（小さな声で）
保育者「そうか、あいちゃん。ふうちゃんは、あやまってほしいんだって。そうすると前みたく好きになれるって」
あいな「……」
保育者「じゃあ、あいちゃんはどう？　どうしたらふうちゃんが好きになれるかなあ？」
あいな「いじわるしないでほしい」
保育者「そうか。ふうちゃん、あいちゃんはいじわるしないでくれれば、好きになれるって分かったよ」

ふうちゃんはじっと聞いています。保育者が「じゃあ、どちらが先にいってくれるかな？」というと、聞いていた子どもたちが「あいちゃんからだよ」「そう。だって、いじわるしたくなっちゃったのは、入れてくれなかったから」の声。しばらくして、あいちゃんが「ごめんね、ふうちゃん」とあやまりました。

ふうちゃんは泣きながら「いいよ」と応えましたが、それから泣くのがとまらなくなってしまい、みんなで泣きやむのを待っていました。すると、みんなから「ふうちゃん、ガンバレ！」コールがおきて、ふうちゃんが「ごめんね」というと、みんなから大きな拍手。あいちゃんもうなずいていました。

そしてお昼を食べる前、あいちゃんが見せにきてくれたのです。「先生、こう、見て。ふうちゃんに教えてもらった」と、あやとりの蝶を。「よかったねえ、すてきだねえ」といったのですが、もっとすてきなのは二人の笑顔でした。

第2章

あおぞらの保育の意義と四歳児の自我形成の研究

1――「あおぞら」の保育の特長～集団の教育力をたいせつにする「自由保育」

「あおぞら」の特長は？　と聞かれたら、筆者（金田）はまず「集団主義・自由保育」の理念・形態を実現している園だと答える。集団主義保育というと、集団主義教育の研究者や実践者を除くと世間一般には「一斉的な保育」という誤解がある。そこでここでは「一人とみんなが不可分にかかわる集団の教育力をたいせつにした保育」のことと定義しておく。

こういう意味での集団主義保育は、形態としての自由保育と相容れないかというと決してそういうことはない。「一人はみんなのために、みんなは一人のために」という関係は自由に活動が選択でき、それぞれの要求をたいせつにする活動のなかでこそ生まれるものでもある。

自由保育か一斉保育かという議論がなされて久しい。筆者はこの議論のなかで、形態と理念・内容が混同されている面があることを危惧してきた。そこで、すでに一九八一年「保育理念、内容・方法と保育形態」[1]という論文で問題を提起している。それは、次のような誤解が生じていることへの警鐘である。

その誤解とは、形態としての「自由保育」＝子ども主体の保育、形態としての「一斉保育」＝管理主義保育ととらえるものであり、さらには「集団の教育力をたいせつにする」という意味での「集団(主義)保育」＝「一斉保育」という考え方、および、もう一方に見られる「自由保育」＝「放任保育」という形態だけを問題にしたとらえ方をさす。

一九八九年の幼稚園教育要領・九〇年の保育所保育指針の改定にあたって、多くの園が形態としての一斉保育を自由保育に変えていったという経緯がある。このときの議論においても先に危惧してきたような混乱が見られており、筆者は「新幼稚園教育要領における保育形態をめぐって(2)」という論文を書いた。

保育界では、次第に「自由保育」＝「放任保育」という誤解は払拭されてはきた。とはいえ、保育者の増員がないところで、しかも理念と方法との関係についての検討の蓄積もされてきていない園が、たんに形だけ「自由」にすることにより「放任」的になりやすいという問題も生じていた。しかし、形態が「自由」であること自体が問題なのではない。

折しも、それから六、七年たった九〇年代後半から、小学一年生の「荒れ」が問題になり、教育界においても十分な言葉の吟味がないなかで、要領・指針の改定による「自由保育」が原因ではないかという議論が出るようになった。九八年の幼稚園教育要領の、また、九九年の保育所保育指針の新たな改定においても、基本理念は同じとしながらも知育的な側面と共に子ども同士のかかわりや協力の重要性が意識的に取り入れられるようになった。

昨今なお、教育関係の研究会などで出される一〇年前からの保育形態の変化を問題にする学校関係者からの声のなかには、いまだに「自由保育」＝「放任保育」という思い込みがあるように思われる。そこで筆者は、現在行なわれている保育の理念と形態とを組み合わせから、保育実践のタイプを次のように分類してみた。

保育実践のタイプ	保育理念	保育形態	備考
Ａ	自主的選択重視	自由保育	活動推進型[3]（「活動の展開・結末の段階で主導的なかかわりをする」スタイルの「自由保育」）
Ｂ１	集団の教育力重視	自由保育	
Ｂ２	集団の教育力重視	一斉保育	
Ｃ１	管理重視	自由保育	一見自由、課業は一斉的
Ｃ２	管理重視	一斉保育	路線形成型[3]（「活動の発端を誘導することから始まって、活動のワク作り、ワクへ入るにあたって準備の段階に主としてかかわっている」スタイルの「自由保育」）
Ｄ１	自主的選択重視	放任保育	
Ｄ２	集団の教育力重視	放任保育	
Ｄ３	管理重視	放任保育	
Ｄ４	放任重視	放任保育	

このなかで「あおぞら」の保育は、まさにＢ１タイプであり、集団の教育力をたいせつにして、しかも形態は自由である。

「あおぞら」がもっともたいせつにしているのは、前章の「保育を創る視点」で岡村さんが書いているように、一人ひとりが「みんな違っていい、自分らしく安心して過ごせる」生活をつくっていくことであり、それは、子どもと子ども、子どもと大人、大人と大人それぞれが自分らしく生きている関係抜きにはできないととらえている点にある。

前出の**図1**（三二頁）にみるように、将来は民主的人格を持った大人になっていくことを目指しているが、実際の保育場面では、十分に自分をたいせつにし、かつなかまと共に育ちあうという子ども像を持っている。そして、生活をたいせつにし、まわりのものに深い関心を寄せ、感動や思いを豊かに表現するようにと願っている。

活動としては「生活」と「あそび」と「準課業的活動」の三つの柱があるととらえている。ここで、「準課業的」としているところに、自由保育形態を中心とするこの園の秘訣がある。課業というと、ある力量をどの子にもつけたいという狙いから、どうしても一斉に行ないがちになる。そのためかAタイプの園、あるいはC1タイプの園では、「課業（課題活動）」を保育のなかに位置づけない場合が多い。

「あおぞら」の場合、一日の時間の流れを活動ごとに区切ることはほとんどしない。普通は朝からあそび中心に進んでいくが、稲作りのように一年間継続していく活動があり、それとのつながりで絵が生まれ、歌が生まれ、科学する芽が育っていくというようにつながりのなかで意識的な学びが入る。みんなの思いが一致して盛り上がるときは全員が同時に集まって考え合うこともあるが、その学びの方法は子どもによって異なるし、期間も長くとっているので一斉に行なうというものはあまりない。課業は位置づけられているが、形態は自由である。そういう活動を準課業的と呼んでいる。

また、集団の教育力を大切にするという点では、あそびのなかでのやりとりのほかにパーティー活動がある。大事にしている行事は、普段の活動をそこにまとめていくような秋の運動会と三月の「大きくなる会」だけだが、そうした会の企画や、ときどきの子どもの発案で行なうそのほかのパーティーが、個の充実と結合した集団活動になる。パーティーは個人の思いから発するが、みんなで喜び合うものなので集団性が入る。そうしたときには前もって見通しを持ったうえで相談の集まりがある。

計画は構造図にみるようにきわめて意図的であるが、「無計画の計画」とでもいえるように活動は柔軟であり、「子どもと共に創る保育」が実施されている。たとえば、子どもの発案が重視され、「サンタクロースは空にいる」という多くの子に対して「空にはいない。いるところを知っている」という一人の子どもが出れば、「じゃあ行ってみよう」ということで、数日後の弁当の日に、主張した子の案内でほんとうに出かけていくというように、一人の思いとほかのみんなの思いの交流がたいせつにされていく（一二〇頁参照）。

ところで今日、子どもの自由を尊重したいし、子どもの思いをうけとめていきたいと願っている保育者のなかでも、いったいどこまで自由を受け止めるのか、どこかで歯止めをかけなくてよいのかという疑問がよくだされる。

「あおぞら」の保育は、この疑問にも答えてくれる。それはまず、とことん子どもの声に耳を傾けること。子どものわがままとも思える自分だけの自己主張でもよい、どんなことでもよい、躊躇せずどの子の要求も徹底的に受け止めることをたいせつにする。そのうえで、ほかの子どもには自分と異なる要求のあることに気づかせていくという指導である。それは、大人が急いで結論を出すことではなく、本人にとっては、自分だけの要求を見直し立ち止まる契機をつくることであり、集団にとっては、話し合いの必要性に出会えるようにしていくことである。そこが、まさに変革の出発点になる。そのとき次の方向が見えてくる。すなわち、たんにがまんするのではなく、ほんとうに自分らしく納得のいく自己コントロール力形成の可能性の扉が開かれてくる。それには、長い過程が必要である。

こうした保育は、大人が子どもを一方的に指導するという方法ではなく、子どもを一人の人間・人格として受け止め、対等にかかわって、共に保育の方向を出していくという理念を園集団で共有していてこそ実現するものだといえる。ここで、集団とはその構成員一人ひとりの人間性と個性がたいせつにされる関係を意味している。

以上が「あおぞら」の保育の特長であり、まさに「集団の教育力をたいせつにした、自由保育」として位置づけることができる。

次に、幼児期の中間にあたり、自我形成の過渡期にある四歳児において、以上で述べた「あおぞら」のような保育がどういう意味を持つか、学童期から青年期までの発達の見通しのなかで考えていくことにする。

《第2章 1 注》

（１）金田利子「保育理念、内容・方法と保育形態」日本保育学会　保育学年報一九八一年版　三九～四六頁　フレーベル館　一九八一

（２）金田利子「新幼稚園要領における保育形態をめぐって」保育研究所編『どうみる新幼稚園教育要領』九八～一二六頁　草土文化　一九八九

（３）大戸美也子・関史子「保育形態内の保育スタイルのちがいと保育空間」日本保育学会　保育学年報一九八一年版　二一一～二三一頁　フレーベル館　一九八一

2――今、なぜ四歳児の自我形成過程の実践的研究が必要か

(1) 学校における子どもの「荒れ」という現象とのかかわりから

昨今、小学校では、いわゆる子どもの「荒れ」といわれる現象が問題にされている。この現象は、大人に「聴いてもらいたいこと」「分かってもらいたいこと」があるのに、その思いをきちんと整理し言葉で伝えることができない姿の表れでもあるのではないかと思われる。

障害児教育の実践研究のなかで、子どもの内面の発達から出る真の要求をつかめないことを、問題は、発達を理解できないでいる大人のほうにあるのではないかという視点から、大人とりわけ教育や発達の専門家の「発達理解の発達障害」と称されてきたことがあった。障害児教育においてそのことが共通の理解になってきた今日、子どもの内面にある真の要求をつかむことが、今度は教育一般における課題になってきたのではないか思われる。

戦後、新制教育が始まって以来、民主教育がその精神ではあったが、教育のスタイルは小学校へ入学すれば、教師のほうに視線を集中させ、教師が発問すれば一生懸命考え、分かったと思った子は手を挙げ、教師は誰かを教師の観点から一方的に「指す」(子どもは指される)というスタイル

が常識になってきていた。最近では子ども主体の授業になってきたとはいえ、また、チームティーチングが取り入れられるようになったとはいえ大筋は変わっていないし、少なくとも子ども主体の授業ができるような、教師の人数比や教室の状況などの設置基準への変更はなされていない。

最近の「荒れ」という現象は、さまざまな観点からの考察が必要であろうが、大前提として、右記の状況の見直しを迫る子どもの「意見表明」として受け止める必要があるのではなかろうか。

保育界においても、幼児教育の場合、たとえば障害児が入園する前までは、ピアノに合わせて子どもを動かし、保育者のリードであまり困難もなく一日を運営していくことが可能であったところでも、障害児の入園により、子どもを十分に理解しないと一メートル動いてもらうことさえいかにたいへんかが分かってきたという経緯がある。また、子ども中心の保育に変えようという動きのなかでも、子どもの自由な活動を保障することと保育者の願いをどう重ねあわせていくかが研究課題になってきた。

また、乳児の場合も、言葉が通じないので、言葉以前の伝え合いが必要であるし、一人ひとりの生理と生活のリズムが異なるので一律にいかないことが多く、発達と保育の関連にかかわる研究が蓄積されてきた。さらに、一人担任は不可能なので複数担任における保育者同士の意志疎通についてもどうしていくかの検討が積み重ねられてきた。

それらの点については学校教育のほうが遅れており、今こそ、教育条件・システムも含めて学校の真の教育革命が必要になってきていると思われる。

ところで、子ども理解の方法や複数担任制において、先輩格ともいえる幼児保育においても、最近では以前にもまして「幼すぎる」「乱暴だ」「自己コントロールができない」などなどの「気になる」子どもの姿が多くの園で課題となってきている。

学校教育の「荒れ」といわれる現象については、基本的には右記のように考えられるが、学校教育以前の幼児教育におけるつながりについても明確にしていくことが、今、保育の実践と研究に問われていると思われる。まず、このような子どもに現れた「気になる」事態をどう考えたらよいのだろうか。この点を見直し、きちんとした教育の理念・方法（ここで「理念・方法」と表記したのは、理念と方法は分けてとらえる必要があると同時に、分かちがたく結合したものととらえているからである）を確立せずに、「気になる」と思いつつ気になるまま卒園させてしまっていては、責任をとったことにはならない。

子どもの行動において「気になる」と専門家である幼児教育関係者がいうとすれば、それは新たな意味で専門家において「発達理解の発達障害」が起こっているということも考えられる。

本書では、一般に「気になる」といわれる子どもについて、幼児期における発達の質的転換期にあるといわれる四歳児に焦点を当て（四歳児を取りあげた理由は後述する）、どのように保育をすれば、この節目をこえることができるのかという方向性を、実践を通して明らかにする。そして、ここで見いだされた理念・方法は、人格発達の節を越える時期、とりわけ中学一・二年頃にあたる思春期にも共通の法則を持つのではないかという方向についても示唆できるのではないかと考える。

（2）自己コントロール※できない自分と向き合う四歳児

四歳児について、先行研究を見てみよう。

田中昌人氏らは、四歳児を幼児期の第二の質的転換期（幼児後期への節）といい、二つの異なる活動を一つにまとめられる（体全体でいえば、手と脚両方を動かして跳ぶうさぎ跳びや両足を調整して跳ぶケンケン、手でいえば、片方の手で釘を押さえてもう片方の手で金槌を持って打つ、言葉でいえば、～だけれども～する）時期だという。(1)

この視点に立って、保育現場とかかわりつつ分かりやすく解説しているものに、白石正久氏の『発達の扉』(2)がある。ここでは、四歳児の特徴を次の四点にまとめている。（　）内は小見出し。

①光り輝く四歳児になりゆくその瞬間（「恥ずかしいけれど、頑張らなくちゃ」「わざと反対のことを言い強がってみせる」）

②二つの制御を結びつける（「手の交互開閉」「ケンケン」）

③終わりよしとしたい心（「自分でおさめたい心」「尊重されたい心」「みんなで力を合わせて」）

④すじ道をつくろうとする四歳児

ここから読み取れる強調点は、「後向きを装い」つつ、一見「聞きわけのない」子どもの姿を、二つの機能や二つの思いを一つにまとめようとする葛藤に揺れ動きながら、「自らの力によって生まれ変わろうとしている輝きに満ちた」四歳児の姿として理解するという視点である。考えのすじ道をつけようと「えーと」「そんで」などという言葉が多くなってきているのも、その姿の表れといえる。

また、人格・社会関係の発達で見ると、『児童心理学試論』[3]においてはワロンの研究を参考に、詳細は省略するがおよそ次のように述べられている。三歳児は自己主張が優先し「誇り高き三歳児」と称され、五歳児では、市民的道徳の基礎が形成されはじめ「小さな市民」と特徴づけられる。それに比してその中間にある四歳児は、「他人」との関係で「自分自身」がたえず問題となる。それゆえに愛嬌を振りまいてみたり、臆病になったりし、「人格敏感期」といわれる時期にあたる。

そして、加藤繁美氏は『子どもの自分づくりと保育の構造』[4]のなかで、四歳児を次のように描いている。幼児前期（一歳半〜三歳）を自我の誕生・拡大期、幼児中期（三〜四歳）を「第二の自我」誕生期、そして幼児後期（四〜六歳）を自己内対話成立期とし、四歳は幼児中期と後期の両方に位置づけている。まさに自我（自己主張する自分）と第二の自我（社会的自己）の間にある時期としている。

実践面において見ると、大阪保育研究所の編集している『年齢別保育講座　四歳児の保育』[5]では、四歳児の発達課題を「仲間をくぐって自分に気づく」においている。また、汐見稔幸・勅使千鶴氏らの編集による『年齢別保育実践　四歳』[6]においては「つかまったって泣かないよ」という表題がつけられており、また、その姉妹編である『幼稚園編』[7]では、「やりたがりやによりそい育む」となっている。

このように先行研究からみえてくる四歳児の発達課題は、自我形成あるいは自分づくりにおける自己コントロール力形成への過渡期の時期と考えられてきている。

この意味で四歳児は、幼児期のなかの幼児期とでもいえる大きな課題のある時期である。この時期を確かに乗り越えていれば、これから先も他者をくぐって自己発揮ができる社会的人格の基礎ができるのではないかと考えられる。そこで、ここでは、四歳児に焦点を絞った次第である。

さて、私たちが子どもを見ていくと、確かに四歳児の発達課題が「自己コントロール力形成」にあるということは読みとれる。しかし、自己コントロール力の形成の前には「自己コントロールできない自分」とさまざまな形で向き合う時期がかなり長い間必要なのではないか、たいせつなのは自己コントロール力形成という発達課題を越えるプロセスを明らかにすることではないかと思われる。白石氏の著書にも、そうした四歳児の発達的意義と特徴については適切に記されているが、保育とのかかわり自体が直接のテーマではないので、具体的な一年間の保育過程とのかかわりについては述べられていない。

先にあげた実践記録にもそうしたプロセスは見いだせるが、子どもが乗り越えていく過程の分析が課題になっているわけではない。前述の加藤氏の著書はまさに、課題をそこに設定している。しかし、引用されている実践は、ある部分についてある日のある保育者の記録なので、自我から第二の自我へのプロセスがたいせつだとし、その関係が述べられているが、一人の子どもの発達過程の継続的検討をもとにしてのプロセスの理論化まではなされていない。

折しも幼稚園教育要領が改訂[8]されたが、改訂前も改訂後も三歳から五歳までを同じ幼児として、目標も内容も同じになっている。また、五つの目標の一つに「人への愛情や信頼感を育て、自立と共同の態度及び道徳性の芽生えを培うようにすること」がおかれ、「人間関係」領域につながっている。その概要は「他の人々と親しみ、支えあって生活するために、自立心を育て、人とかかわる力を養う」となっており、三つのねらいと一二の内容が列挙されている。それらはみな育てたい力・態度である。そこまでいく過程にある紆余曲折については、「内容の取り扱い」の項に少し取り上げられている程度である。「人に対する信頼感や思いやりの気持ちは、葛藤やつまずきを体験し、それらを乗り越えることにより次第にめばえてくることに配慮すること」というのがそれにあたる。

一二項目にはすべて、たとえば「思いやり」にみるように、自己コントロールした結果としての姿が並んでいるが、思いやりが持てるためには、そのプロセスにおいて腹立たしさ、悔しさ、怒り、嫉妬、嫌悪など負の感情も表出することが必要になろう。その点が「葛藤やつまずきの体験とその克服」のなかに含まれているものととらえるとすれば、そのプロセスについての科学化が必要になる。

こうしたことをふまえるとき、幼児期を一括りにするのではなく、もっとも葛藤の集中すると思われる四歳児を焦点に、「自我」から第二の自我形成にあたる自己コントロール力の形成をめざし、その能力をつけていくプロセスの研究が急務なのではないかといえよう。

＊ここで自己コントロールとは、自分の思いを、他人の思いと関連させ合意を形成した上で、すなわち他者をくぐった自己の意思をつくること自体をいう。自己コントロール力形成とはそういう作用を自分の力として形成することをいう。

（3）保育のなかでみる自己コントロール力形成への過程

そこで本書において、四歳児の一年間の実践をもとに、一般にはおそらく「気になる」子どもといわれるような姿を、「自己主張の強い子」ととらえ直し、どのようなプロセスを経て自己コントロール力を獲得していくかを保育のなかで分析することを試みた。先の白石氏のいう「輝ける四歳児になりゆく瞬間」ではなく、むしろそこへいく過程の分析にあたる。

その意味で本書は、たんなる発達の本でも、また保育実践の本でもなく、保育のなかで発達を実現していくことを示す発達と保育の関係を、前述したような意味を持つ四歳児の発達に焦点をおいて、明らかにすることにねらいがある。

保育のなかには集団がある。集団のなかでの生活やあそびなどの能動的活動がある。比較的あそびやすい環境がある。そして保育者の広い意味での「指導」がある。

集団のなかで自己発揮し自己主張する。ほかの子の自己主張とぶつかる。対立が生じ、対立を越えて共鳴したり寛容になったりする。こうした関係を、日々発展的に繰り返すなかで、自己コントロール力を形成していき、新しい自分に生まれ変わっていく。言い換えれば、活動と指導をともなう集団は、生まれ変わるために不可欠な矛盾の宝庫だといえる。

園において横の人間関係にかかわる言葉には「友だち」「なかま」「集団」などなどがある。ここでは次のように区別してとらえておく。

「集団」とは、園生活において所属する人間関係を拠点とした居場所であり、一人ひとりの子どもにとって依存できる場であると共に、自身も何らかの責任を負う「責任ある依存関係」(9)でつながる人間関係の場である。クラスはそういう集団としてとらえられる。

「なかま」は、一般には立場や年齢などの比較的近いもの同士の人間関係をいうが、ここではその集団のなかでの個々のつながりをいう。「友だち」とは、一般に「なかま関係のうち、好感にもとづく親密な支持関係」をいう。

本書の特徴は、「個の自己主張」の強い二人の子どもを中心に、その自己主張が、あそびなどの能動的活動と保育者の指導と集団の育ちのなかでどう変わっていくか、また個の変化は集団にどう影響していくか、保育のなかでの発達の姿をとらえようとするところにある。そこから発達の姿と保育の方法との関連について読み取れるよう意図している。

（4）自我形成と自己信頼

前々項において、自我形成についてたいせつな、四歳児の自己コントロール力の形成過程を明らかにすることの意味について述べたが、ここで最後に、人間発達にとってなぜ自我形成が今とくに注目されるかについて述べておきたい。

それは、自我形成が自己肯定感と結合してなされることが、今重要になっているからではないかと思われる。

民主的人格の基礎としてたいせつなのが、まず自己信頼感・自己肯定感ではないかといわれている。自分が自分であることを受け止められること、そのことが基礎にあれば、他者からの批判も謙虚に聴けるし、自己主張もできるが、そうでないと、あるときは威張り、あるときは自分を卑下してしまうということになりかねない。

直接間接に受けた虐待などで傷ついていると、自分が存在することさえ遠慮してしまいかねないという。鈴木牧夫氏[10]は、今日の日本の青年について、「キレル青年と気遣う青年」に二極分化している状況としてとらえ、そのどちらにも共通しているのが自己主張がきちんとできない姿ではないかと分析しているが、この指摘は、青年間においても、一青年の内部においてもあてはまることだろう。この話を子どもの権利に関する研究会で話題にしたところ、最近まで静岡大学の同僚であった、少年法専攻の葛野尋之氏（現在立命館大学所属）は、「いや、日本人は自己主張がちゃんとできる。しかし、それは上から下への自己主張であり、できないのは下から上への自己主張ではないか。むしろ権威主義的なところが問題なのではないか」との意見を述べた。

自己主張がうまくできない、とりわけ、「上の」人とか、苦手としている人には、ほんとうに伝えたいことが伝えられないという傾向が、青年に限らず多くの日本人にあることは否めない。

いつでも平らな気持ちで自己主張ができ、他者の意見が聴けるということが、民主的人格の基礎であるが、その前提として「自分が自分であって大丈夫だ」という、あるがままの自分を信頼し肯定する精神を、幼いときから形成することが必要になる。それにはまず、自分づくりの核となる自我の形成期の教育が重要になる。先にあげた加藤氏の著書にも述べられているように、自我には、他者をくぐらない自分だけの「自我」と、自分の要求と他者の要求との両方から新たな要求に切り替えていくという自己コントロールを経てはじめて獲得できる「第二の自我」があると考えられる。自分だけの「自我」を十分保障せずに、この第二の自我の形成を急いでしまうと、自己信頼感・肯定感と結合した自我の形成がなされにくくなるのではないかと思われる。

こうした幼児期に主体的な経験を通して感性のなかに自己信頼感を育む視点は、子どもの内面に平和や人権の心を育てることにもつながり、外界を探求する学童期を経てやがて再び自己に目の向く思春期において、自己信頼に基づいた自己形成をしていくうえの基礎にもなるのではないかと仮説でき、子育ての今日的課題と結合するものと思われる。

《第2章 2 注》

（1）田中昌人・田中杉恵「二次元可逆操作の獲得」同共著『子どもの発達と診断4　幼児期Ⅱ』一三〇～一六四頁　大月書店　一九八六

（2）白石正久「四歳になりゆく子どもたち」同著『発達の扉　上』八四～一九七頁　かもがわ出版　一九九七

（3）荒木穂積「人格、社会的関係の発達」心理科学研究会編『改訂新版　児童心理学試論』二〇六～二一二頁　三和書房　一九八八

（4）加藤繁美「第二の自我を生み出す幼児中期の保育実践（三歳～四歳半）」同著『子どもの自分づくりと保育の構造』一〇六～一一六頁　ひとなる書房　一九九七

（5）高浜介二・秋葉英則・横田昌子監修『年齢別保育講座　四歳児の保育』全二〇七頁　あゆみ出版　一九八四

（6）汐見稔幸・勅使千鶴編　菅野由美子・小出まみ共著『年齢別保育実践　四歳』全二二七頁　労働旬報社　一九九二

（7）汐見稔幸・勅使千鶴編　関上八重子・汐見稔幸共著『年齢別保育実践（幼稚園編）四歳』全二四四頁　労働旬報社　一九九三

（8）この改訂は、一九九八（平成一〇）年一二月一四日改訂二〇〇〇（平成一二）年四月一日施行のことをさす

（9）石川正和「集団づくりとは何か　集団づくりの課題と方法」『季刊保育問題研究』一一七号　七一～七九頁　新読書社　一九八九

同『子どもの人格発達と集団づくり』 二一四〜二二五頁 大空社 一九九四

(10) 鈴木牧夫「一九九八年の青年たち」保育研究所編『月刊保育情報二五六号』 一頁 全国保育団体連絡会 一九九八

第3章

四歳児そらぐみの一年間

1──年間における「期」のとらえかた

(1)「期」は実践上のおおまかなめやす

あおぞらでは、研究途上ではあるのですが、年齢によって期の分け方が異なります。三歳、五歳が四期に分けられているのに対し、四歳児は三期に分けています。(その場合、実践上の分類は算用数字とし、自己コントロール力形成の発達研究のまとめは、Ⅰ、Ⅱ、Ⅲとローマ数字とする。)

まず四歳児から入園する子どもたちを含めて、友だちのなかで自己主張する時期をたっぷり経験することで、より友だち大好きの心が育つのだと思い、1期を一〇月までとっています。

そして、友だちのあそびや活動をより楽しく、よりおもしろくするために、友だちに働きかけ、自ら自己コントロールしようとする力が育ってくる2期を一〇月~一月半ばとしています。

四歳児最後の3期は、新しい仲間を迎える活動の取り組みがはじまり、大きくなることを楽しみにする一月半ばころより三月と考え、自ら自己コントロールしてより楽しく、よりおもしろい活動を仲間と共につくっていく気持ちが強くなると考えています。といっても、それは個人差も大きく、そのあらわれ方もいろいろなので、あくまで一応のめやすと考えています。

そらぐみの仲間たち――ちょっと緊張して記念撮影

せいご	みわ	ゆうか	まゆこ	ふうや	ゆうき	こういち
93.9.16	94.1.6	94.3.12	94.1.20	93.6.10	93.10.13	93.6.18

りょう	いくみ	みく	りな	めぐみ	ゆういち
93.9.18	93.11.9	93.11.9	96.2.1	93.4.8	94.3.12

	期	子どもの立場から	保育者の指導の要点
3歳児	1期(4～5月)	ようちえんすきだよ	たっぷり甘えられる
	2期(6～10月)	みんなといるとたのしいな	好きなあそびが見つけられる
	3期(10～1月半ば)	みんなとあそぶとたのしいな	自己主張をたっぷりと
	4期(1月半ば～3月)	おおきくなるのがうれしいな	
4歳児	1期(4～10月)	いやだもん、できないもん	個と自己主張を集団の中でたっぷりと
	2期(10～1月半ば)	やっぱりみんなといるとたのしいな	集団の中で自己コントロールができ始める
	3期(1月半ば～3月)	おおきくなるからできちゃうもん	
5歳児	1期(4～5月)	たいようさんにまかせて	最高学年になった喜びをたっぷりと
	2期(5～9月)	たいようさんだからやれるよ	集団の中で自己コントロールしながら自己充実を
	3期(9～10月)	かっこわるくてもみんなとならやってみるよ	
	4期(10～3月)	みんなでてをつなげばなんでもできる	園全体のことや新しい課題にもこだわりなく取り組める

表2　期のとらえ方

(2) 一九九八年度そらぐみの子どもたち

四月一〇日に入園してきたまゆこちゃんとゆういち君。そして、進級してきた一一人(男五人・女六人)の、合わせて一三人の子どもたちと、そらぐみの一年が四月一一日から始まりました。私(岡村)は三月まで五歳児の担当だったので、そらぐみの子どもたちは卒園したクラスの相棒さんでした。また、卒園した子のきょうだいも多く、私も親しくスタートできました。

☆相棒とは?

三歳で入園したとき、五歳児の子どもたちと相棒をつくります。在園中、ずっと同じメンバーです。週一回、お昼をいっしょに食べたり、着替えの手伝いなど、大きい子は小さい子の世話をしたりしますが、それもごく自然に行なわれています。園では、子どもたちみんなで大きなきょうだいと考えています。学年別に担任保育者がいますが、日常の生活は異年齢となっています。そんなときは保育者も、自然に子どものあそびによって分かれ活動しています。

そうした日常の生活やあそびのなかで、あそびの伝承、大きい子へのあこがれ、小さい子を思う心などが自然に育ち、卒園の時期には離れがたい関係となる子どもたちです。

2——いやだもん、できないもん　1期（四月〜一〇月）

入園したばかりのゆういち君とまゆこちゃんは、新しい出会いに緊張ぎみです。進級の子どもたちは、大きくなった喜びもあるけれど、四月特有の雰囲気に落ち着かなくなったり、小さい子の世話をする先生たちを見て淋しくなったり……と、今までとは違ったものを感じる姿が見られるものです。そんな思いをたいせつに受け止めながら、ゆっくり保育をすすめていきます。

●実践記録●

〈はじめての出会いの日〉

まあるくなって自己紹介……と思ったのですが、真んなかに寝っころがるゆうき君。それを見てうれしくなっちゃったのでしょう、せいご君、りょう君、こういち君が親ガメの背中に乗るように重なりあってニコニコしています。そんな四人を囲むように座って始まった自己紹介は、「あたし、たんじょうび（家で）したよ」と、そらぐみ一番のお姉さんめぐみちゃんが、片手をパーにして教えてくれました。次に、恥ずかしそうにいうみくちゃん。緊張ぎみだけど大きな声でいうみわちゃん、まゆこちゃん、ゆういち君。誇らしげな表情で「そらぐみのりなです」というと、いくみちゃん、ゆうかちゃんも胸ふくらませて、うれしくってしょうがない感じです。寝っころがっている子たちは、そのままで自己紹介。そんなみんなをびっくりしたように目をまあるくして見ていたふうや君が、最後にもっと目をまあるくして名前をいってくれました。

それは、みんな違っていて、この一年を予感するような感じで、ワクワクドキドキしたものでした。

そこで、食べることが大好きな子どもたちに、保育者が「そらぐみになったお祝いをしない？」というと、すぐあがったのが「ホットケーキ作りたーい」の声でした。ほかの考えもなく、反対する子もないので、ごあいさつがわりにホットケーキ作りを楽しみました。

〈誕生日は動物園に行きたい〉

六月生まれのふうや君とこういち君が二人で誕生日会の相談をし「お出かけパーティー」に決まりました。どこにするか相談していると、そばにいたせいご君が「僕、動物園。（この前のとき）行ってないから、行きたい」というのを聞いて、「こうちゃん、行ってない」とこういち君。ふうや君も「動物園にする」と賛成し、決まったのが動物園行き誕生会。ところが、そのことをお昼前にみんなに伝えてもらうときになると、あそびがおもしろくなってしまったふうや君。せいご君と園の前の川に入り、カニさがしで川から出てきません。
保育者「ねえ、どうするパーティー、六月生まれの」
こういち「ふうや君、出てきてー」
ふうや「やっぱ、そらぐみやーめる。動物園お父さんと行く」
こういち「こうちゃんも行かない」
ということになり、動物園行きはなくなってしまったのです。
ところが、次の朝（ほんとうは動物園に行くと決めたお弁当の日。週一回はお弁当持参、残り四日は園内給食）、ひとあそびして集まってきたとき――
ふうや「（動物園へ）やっぱ行く」
保育者「えーっ、行かないっていってたじゃないの？」
そこで集まってきたみんなにきのうのことを伝えます。
ふうや「やっぱり行かない」
保育者「こうちゃんはどうかなあ？」
ふうや君がこうちゃんに聞いてみると、「こうちゃん、動物園へ行く」といってくれ、ほんとうは行きたいふうや君はうれしそう。
保育者「でもね、みんな今遊んでいたでしょう。動物園は遠いから、今から行くと動物園の入り口で、すぐ戻ってこないといけないの」（動物園は、二つの路線バスに乗り換えて園

から一時間半くらいかかります）

ふうや「じゃあ、あした」
保育者「あしたは給食ある日だから」
ふうや「じゃあ、いつなら行ける？」
保育者「今度のお弁当の日なら」
ふうや「今度でいい、今度」
保育者「こうちゃんは、どう？」
こういち「今度でいい」
こうして、動物園行きが決まりました。

〈よく分からないことも楽しい？〉

絵本「14ひきのねずみ」シリーズ（童心社）が大好きなみんな。とくに『14ひきのせんたく』は気にいって、川でねずみごっこをして遊んでいます。そんなある日、ねずみの家はどこにあるのかなあ？　という話になったので、「じゃあ、ねずみの家を探して、いっしょに洗濯する？」というと、すぐその気になり、次のお弁当の日、ねずみの家探しに山奥へ出発することになりました（前に行ったとき、それらしいすてきなところを見つけてあったので）。

でも、あまりのしずけさに「こわい、こわい、帰りたーい」と泣くこういち君。「いやいや（かえりたくない）」「大丈夫！」「こわくないよ」とふうやくん、いくみちゃん、ゆういち君にいわれていっそう泣くこういち君。それでも、保育者と手をつなげば大丈夫ということが分かり、ほっとしてまた出発です。途中、チョウチョや落ちてくる葉っぱやクモと会話をしながら、それらしいね

山の中にこんなにすてきな洗濯場所が……

みんなの分も干せたかな？

ずみの洗濯場所を見つけたみんな。川では、さっそく思い思いに着ていた服をぬいで洗濯。ロープを持っていったので、木から木に張るとますますそれらしくなって、うれしくなるみんなでした。手がすべって洗濯物がほんとうに流れていってしまう場面もあったけど、それもまた楽しいひときでした。洗濯物を干して、お昼を食べているときのこと。りなちゃんがおしっこを始めたのですが、立っておしっこをするのです（もちろんズボンも濡れてしまった）。

保育者「りなちゃん、おちんちんのない女の子は、座ってするんじゃあないの？」

り　な「ううん、りなこうして、おばあちゃんちでする」

み　く「みくちゃんだって、やるもん」

きっぱりいう二人に、みんなはいう言葉もなく不思議顔。私は大笑いでした。

そして、片付け始めるころに今度は――

いくみ「ウンチ」

保育者「じゃあ、帰って園でやろうか？」

ふうや「エー、イヤー、もっと遊びたいもん」

せいご「葉っぱでおしりふいて、ふたすればいいよ」

保育者「いくみちゃん、それでいい？」

いくみ「うん」

ということで、穴を掘りウンチをしたけれど出てこないのです。緊張してしまったようす。すると今度は、めぐみちゃんも「ウンチする」というので、さっき掘った穴を利用すると、無事ウンチがでて、よかった、よかった。またひと遊び、洗濯ごっこを楽しみました。

〈雨の日も楽しく〉

毎日毎日、雨が続いています。こんなときは傘をさして散歩にいくと気持ちもはずむので、よく出かけます。

この日は大雨で道路が川の状態になり、いつもとようすが違っています。そのなかでバシャバシャ走ったりはねたりして遊ぶみんな（傘をさしていても、あまり関係のないようす）。

そのうち、その水が流れてくる始まりは茶畑の土の下で、いっしょにとろとろのどろがあふれ流れてくるのを見つけた子どもたちが、片手に傘を持ったままどろだんご作りを始めました。

雨の日に道路に出てくるカニ探しをする子、花摘みをする子、すみっこでちょっとおしっこの子と、雨には関係なく遊び始めました。山のなかは、時間が止まってしまったような雰囲気で、聞こえるのは雨と子どもの声だけ。すごくすてきなひとときでした。

〈川あそびは楽しい〉

手づくりタモ（網）を持って登園のせいご君。「魚をとる」と朝からはりきっています。川へ着くとさっそく魚のいるところを探しています。木陰では家族ごっこが女の子四人で始まりました。そこへ、りょう君が「カメになる」と近づくと、あそびはカメの家族ごっこになり、ゆうき君やゆういち君もなかま入りしてきました。それを聞いていたのか、ふうや君が「カメは魚食べないけど（なかまになる）」となかま入りしてきました（魚をとりながらいっている）。ところが、つたのつるを見つけ「うんとこしょ、どっこいしょ」と抜いているうちに女の子はいなくなり、せいご君は川の下のほうへ魚とりに行ってしまい、残ったのはゆういち君、りょう君、ふうや君と保育者だけになってしまいました。

そして、なぜかおひさまが黒雲にかくれてしまい、暗くなってきてしまったのです。そこで、「暗くなってきたし、カミナリがくるから、へそもちを作るわ」（『へそもち』福音館書店――の絵本が大好きで、そのなかでカミナリはへそもちを食べる）というと、「僕も作るよ」「ふうやも作るよ」といっしょにへそもち作りが始まりました（濡れたどろを小さく丸め、つぶして真んなかをへこませる）。

そこへ、川の下のほうへ行った女の子が戻ってきました。ワニごっこをしていたりなちゃん、まゆこちゃんもへそもち作りを見てなかま入りしてきました。いよいよできあがると服をズボンに入れておへそをかくして、大きな声で「カミナリさーん、食べないでー、これを食べてー」と空に向かって叫んだのです。そのうち、「あたしのからいよー」「ピーマンのにがにが光線だよ」「まずいんだよー」とどなっていると、すごい！　空がほんとうに明るくなってきて、大喜びでした。それからは、寒くなった体をあったかい温泉（砂風呂）であたためたり、ねこごっこをしたりしていると、せいご君がこっちに向かって川を歩いてくるのがみえます。「ねえねえ、かくれて、ワァーっておどかしてみる?」と保育者がいうと、喜んで葉っぱのなかに（でも、おしりが残っていたりして笑えるのですが）あわてて隠れるみんな。そして、ワーッ！　とやると、せいご君が驚き、みんなでアハハハ、アハハハーと大笑い。楽しかったー！

3――やっぱり、みんなといると楽しいな　２期（一〇月～一一月半ば）

ともだちへの働きかけが多くなり、いっしょにあそび楽しむ姿が多く見られてきます。

長い夏休みのあとの九月ですが、四月のようなとまどいはあまり見せず、あそびを深めていく子どもたち。長かった川あそび（五月～九月）も、秋風と共に水も冷たくなり終わりとなっていきます。その川あそびの最後の日に行なわれた「プカプカ（浮輪に乗って遊ぶのが好きになった）パーティー」の日、かわたろうから手紙ときれいなヒモのプレゼントをもらったみんな（かわたろうとは、蓼科川の深みに住んでいる架空の人物で、川で遊んでいるのを見ていてくれると子どもたちは思っている）。

その後は、そのヒモを使って綱引きやごっこあそびの洗濯ロープ、電車ごっこのヒモ、かけっこのときのスタートなどなど、たくさんのあそびが広がっていきます。あまり使いすぎてヒモが細くなってしまい、丈夫にする方法として三つ編みにつながっていきました。

そのころになると、子どもが友だちへ働きかけをしていく姿が多く見られるようになります。そして、その時期に取り組むのが運動会です。

たいようぐみ（五歳児）の子どもたちが、地域やきょうだいの学校の運動会に参加して、「自分たちもやりたい」と計画し始める一〇月のはじめごろ。そらぐみの子どもたちは、そんなたいようぐみの姿をみながらも、あまり意識なく遊んでいます。

実践記録

〈そらぐみのあそび虫うんどう会――種目を決めるまで〉

・一〇月六日

外で子ヤギの家族ごっこをするめぐみ、ゆうか、ゆういち、みわ、みくちゃんたち。そこで保育者もなかまに入れてもらいました。「オオカミになろーっと」と、すべり台の上へ行くと、「ゆうちゃんも」とゆうかちゃん。こうしてオオカミと子ヤギごっこが始まりました。

そんな横で、たいようぐみがかけっこを始めました。すると、その列にそらぐみのゆうきを見つけ、「あっ、ゆうき君だ」「ゆうき君ガンバレー」「そらさんガンバレー」の声。ゆうき君も得意顔です。「なかまに入れてー」「おれもやる」とこういち君、ふうや君。二人もかけっこのなかまに入れてもらいました。すると、ますます「そらさんガンバレー」の声があがり、とても楽しみました。

・一〇月一二日

部屋の隅っこに作ったダンボールの「そらの家」でネコの家族ごっこをしています（何週間もダ

「ぼくが教えてやるよ。」

ンボールの家を中心に、メンバーも中味も違うけれどごっこあそびが続いています。そして一週間前くらいより、家族ごっこを気にいって遊んでいます）。ネコの家族がキャンプしたり遊園地に行ったりして帰ろうとすると、急に坊ちゃんネコ役のゆうき君が「これ、やりたい」といって、ヒモを持ってきました。

保育者「あっ、綱引き」
ゆうき「ちがう」
保育者「へビごっこ」
ゆうき「ちがうの！　足でやるの！」

とうとう怒られてしまったのですが、三つ編みをやりたいゆうき君。そんなゆうき君をおいてほかの子は、ピカチュウ学校ごっこで遊び始めています。それでせいご君がゆうき君のヒモを持って、「教えてやるよ」というのですが、せいご君が自分で編んでしまうのでゆうき君は「ちがうの！」とまた怒ってしまいました。そこで、保育者がゆうき君に教え始めると、せいご君はゆうき君の隣で、「そうそう、手をはなすとダメ！　上だよ、上」と最後まで教えてくれてできあがりました。すると今度は、ゆうき君が「旗のをやろう、自分で旗を作って、てきて旗を作り、何回も何回も「自分の旗を取る」という旗取り競争を楽しみました。

・一〇月一三日

めぐみ、まゆこ、りな、いくみ、みわ、ゆういち、こういち、ゆうかちゃんでどろんこあそびが始まっています。それがケーキ作りに変わり、ゆうき君の誕生日ケーキ作りになると、砂場にいたふうや君が「ローソクの棒だよー」と持ってきました。それを見てせいご君が「マルちゃん（自分が扮している犬の名）はここにいる！」と保育者の隣にピッタリくっついてきました。そんなまわりで「おせんべ食い競争」を、たいようぐみの子どもたちが始めました（パン食い競争と同じあそび）。

めぐみ「あれは、たいようね。だから、そらだけでやろうよ」

りな「それはかわいそうだよね（たいようさんに）、いくみちゃん！」

いくみ「うん、かわいそう」

せいご「アメ食い」

ふうや「イヤ」

ゆうき「じゃあ、旗とりやる？　今度は外で（この前は部屋でやった）」

みわ「えーっ、イヤー」

せいご「じゃあ、おすもう?」
ふうや「いいや（それがいい）」
ゆうか「いいよー」
まゆこ「イヤー」
せいご「じゃあ、女は綱引き、男はすもうは?」
りょう「いいねえ」
こういち「こうちゃんもやるよー」
ゆういち「ゆうちゃんはここにいるよ」
みんなバラバラです。そして、手はどろんこケーキ作りにせっせと動かしています。しばらくして――
ふうや「あっ、おせんべ食べてる」
せいご「せいごもほしい」
めぐみ「でもたいようは、いっても入れてくれない!」
り　な「そうそう」
せいご「あそこにあるから、もらいに行こう」
ゆういち「お菓子もらって、そらで食べよう」
保育者「エーッ、先生、いいに行けない」

ゆうき「僕行くよ」

なんとなくみんなもついて行き、たいようさんたちにそのことをいうと、口ぐちに「だれがそんなこといった？」「入ればいいよ、入れてやるよ」「入れてーっていえばね」との声。

保育者が「ねえ、どうする？」というと、こういち君は「入れてー」と、たいようさんにいっています。すると次つぎに、「たいようさん入れてー」といってなかま入りさせてもらった子どもたち。はじめ、ゆういち君は「おれ、やんないことにした」と見ていたのですが、めぐみちゃんに「おせんべ食べたよ」といわれ、「ゆうちゃんも、やろーっと」と走って行き、おせんべ競争をやっていました。

その後も玉入れに入れてもらったのですが――

せいご「おれ、三こ入った」

ゆうき「おれ、一こ」

ふうや「おれも」

まゆこ「私も入ったよ」

ゆうか「あっ、ゆうちゃんも」

保育者「先生、なーんにも入らなかった」

みわ「あっ、みわちゃんも！」（大きな声）

やりたいけどやりたくない、というかたーい顔をしていたみわちゃん。玉が入らないのを気にしていたんだね。二回目はすごくはりきってやっていました。
この日をきっかけにあそび虫運動会に関心を持ち、やりたいという気持ちが育っていきました。

・一〇月一四日

たいようぐみのぶんご君とかなちゃんに「こういうのすると力が出る！」といわれ、保育者が三つあみのタスキを作っていると、「作りたーい」といってくる子どもたち。「いっぺんに教えられないから、一人ずつでいい？」と声をかけ、みんなは遊びながら順番を待っていました。できあがると――

いくみ「ウサギみたいに、はねれるよ」
せいご「これしめると強くなる」
りな「かっこいい、旗がさわれる」（部屋のなかにたいようさんの作った旗が飾ってある）
みわ「見て！　みわちゃんも」
ゆうき「これでほんとうに強くなった」

そして、できあがったタスキを持ち、自分たちで作った「そらぐみ体操」が始まりました。それが終わるとまた、「そらの家」（ダンボールで作った）に行き、家族ごっこの始まり。きょうはネズミになり、いも掘りに行くのです（みんなは絵本『ねずみのいもほり』ひさかたチャイルド――が大好き）。「ねえ先生、おいもになって」というので、おいもになっていると、「ねえねえ、たいようさん呼んでくれない。玉入れ終わっちゃった、もう」とゆうき君。

エーッとみんなで見ると、玉入れの片付けをしてたいようさんがかけっこしているのです。そらさんたちはドドドーとろうかに出て、たいようさんにいっています。「たいようさん話がある」「どうして呼んでくれない?」「そう、なかまに入れてーって言ったのに」

すると、たいようさんからは、「きてくれればいいのにー」の声。

そらぐみのみんなは「エー、イヤー」「もうやんない、たいようさんとは」「そらさんだけでやろう」「玉入れやろう、部屋で」「そうそう、旗とりとか」「綱引きも」「あっ、ネズミのいもほりなんてどう?」と次つぎにいっています。

そんなとき、またまた、たいようさんの「アメ食いやるよー、やる子入れてやるよー」の声に、なんとももろく団結はくずれ、「やる!」といって出ていくそらさん。そんななか、ゆうき君、みわちゃんは「やんない」「みわちゃんも、やんないもん」といいながらそらぐみの応援にいくので、保育者も「先生もやんない、アメきらいだもん。おせんべがいい」と、二人といっしょに「そらさん、フレーフレー」と応援し始めました。すると、保育者の隣で「みわちゃん、やらないやらない」といっています。そこへ、戻ってきためぐちゃんはゆういち君がアメを食べるのを見て、「アメだけ（アメ食い走を）やる」と靴をはき始めました。そして、残ったみわちゃんは「ねえ、めぐちゃん、みわちゃんやんないわけがある」と声をかけますが、めぐちゃんが聞いていません。

保育者「めぐちゃん、みわちゃんがなにか話あるみたい」

めぐみ「なに？」
みわ「みわちゃんやんないわけはね、はやく取れないんだもん」
めぐみ「……」
そんなとき偶然、古ちゃん（クッキングスタッフ）がアハハと笑いながら「みーんな親切！　口開けてるともらえちゃうんだあ」と大笑いしている声が聞こえてきました。するとそこへやってきたふうや君。
ふうや「ひがんばな（グループ）いない」（もうやり終わってしまい、ふうや君は遅れちゃったのです）
保育者「ふうちゃん、一人じゃイヤ？」
ふうや「うん」
保育者「じゃあ、みわちゃんいっしょにやる？　ふうちゃんと先生と三人で。口を開けていると、たいようさん入れてくれるみたいよ」
それを聞いて涙ぐむみわちゃん。「どうする、やってみる？」というと抱きついてきたので、みわちゃんを抱っこしてふうちゃんと三人でアメ食いをやると、そのときはみわちゃんも口をしっかり開けてアメをとっていました。これを機にみわちゃんは、はりきってアメ食い競争（ときにはおせんべ）を楽しむようになりました。

・一〇月一六日

はじめ玉入れの玉を数えるとき、かごから出して一、二、と数えられる子を中心に数えていました。しかし、それでは数えている子だけが楽しみ、どっちが多いかは保育者が決め、子どもには分かりにくいものでした。そのため数えるときになると、ただ見ているだけで楽しくなさそうな子どもが多いのに気がつきました。

そこで、写真のような表を作り、そこへ玉を並べていく方法を考えました。玉の数が目にみえるようになると子どもたちは、自分たちで玉を並べ、どこのグループが多いかがよく分かり、「玉入れ」をもっと楽しめるようになりました。

みんなも納得の玉入れの表

・一〇月一九日

「そらさんの運動会やろうよー」と、朝からゆうき君とめぐみちゃんがいっています。それをほかの子どもたちに伝えると集まってきました。

りな「こおり鬼、こおり鬼」

ほかの子「えー、イヤー」

みわ・めぐみ「ネズミのおいも掘り」
ほかの子「えー、イヤー」
ゆうき「こおり鬼」
ほかの子「えー、イヤー」
り　な「りな、かくれんぼやりたい」
めぐみ「そういうの、運動会ない」
ゆうき「そう、旗とりやりたい」
みわ・めぐみ「ネズミのがいい」
せいご「イヌがいい、マルちゃん（イヌのマルちゃん）」
ゆうか「ゆうちゃん、お姉さん」
ゆういち「お父さんだよ」
保育者「じゃあ、家族ごっこというの？」
ゆうか「うん」
ゆうき「えー、イヤー」

話し合いはなかなかまとまりません。そこで保育者が、机の上を登ったりくぐったり、外でたいこ橋を登ったり、すべり台を逆登りしたりして日ごろいろいろ楽しんでいるおいも掘りごっこの話を出してみました。するとイメージがわいてきたようです。

ゆうき「僕、イヌだった」（コロリと変わる）
まゆこ「私おねえさんだった」
保育者「それじゃあ、『ネズミ』ではなく『家族』でいも掘りに行くっていうのはどう？」
ふうや「えーっ、いい、いい」
みわ・めぐみ「先生、おいもになって！」
りょう「僕お父さん」
だまっていたりなちゃんも賛成し、「家族でおいも掘り」に決まりました。
次は、ゆうき君のやりたい旗とりですが、みんなはなかなか賛成してくれません。
せいご「バトンタッチがいい」
ふうや「イヤイヤ、おすもうがいい」
りょう「それがいい」（と、気が合う二人）
保育者「ねえねえ、どんぐり拾いはどう？　みんな拾ったし、それをバトンを持ってやったら？」
先日いっぱいどんぐりを拾った経験があるので、みんなは「いいよー」「いい、いい」。一人、ゆうき君が「旗とりがいい」というので、「じゃあ、こうしたら？　グループでバトンを持って旗かどんぐりを拾って持ってくるのは？」というと、やっとやっとみんな「それがいい」ということになりました。
そして最後は綱引き。すもうはイヤだけど綱引きはみんなやりたいのです。

保育者「だれとやる？　にじさん？」
せいご「えー、それじゃあいつも勝っちゃう、つまんない」
りな「えー、きのうせいご君、勝てなくってイヤって泣いたよ」
このりなちゃんの一言にはせいご君もみんなも大笑いでした。そしてやるのは、「男対女」に決定。
保育者「先生も女だよ」
ふうや「だめだよ、足をのせてヨーイってやるの！」（先生は審判だよということ）
りょう「そうそう」
保育者「じゃあ、終わったら入っていい？」
男の子「いいよー」
そらぐみの運動会の中味はこんなふうに決まり、はじめて「あそび虫運動会」のイメージづくりをしたそらぐみでした。
①家族でいも掘り
②バトンタッチでどんぐり・旗とり
③玉入れ
④綱引き

・一〇月二五日

「あそび虫運動会」当日は、朝からお天気に恵まれました。集まってきた子どもたちはニコニコとうれしそうでした。いつものようにどんぐりと旗（自分で作ったもの）をどっちにしようか悩みながらも、うれしそうに走った「バトンタッチでどんぐり・旗とり」。

ネットをくぐり、一本橋を渡り、大きな積み木をよじ登り、高いハシゴの上を歩き、おいも畑に

泣いたり、笑ったり。あおぞららしい運動会

バトンタッチでどんぐり・旗とり

到着。大きな大きなおいもをひっぱり、お祝いの踊り（そらぐみの歌に子どもが振り付けた）を踊った「家族でいも掘り」です。気にいったところを戻ってやったりするところは、いつものとおりです。

「玉入れと綱引き」では、人数のことでなかなか始まらなかったけど、話し合いをして乗り越え、ニコニコと玉を入れ、真剣に玉を数える姿が見られました。ほんとうに一人ひとりが輝いていた「あそび虫運動会」でした。

☆父母の感想

競技の途中で子どもたちの思いを受け入れてときどき中断するところが、あおぞらしくていいですね。

ありがとうございます。運動会でも、あれ？　どこに行ったのかな？　と思うと、ゆうかちゃんやりなちゃんの隣にいたりして、安心しました。「家族でいも掘り」のときも、平均台を渡ったのにもう一回やりたくなったのか、また平均台に戻ってバランスを崩して、前にいたゆうかちゃんを巻き添えにしていたみたい。ごめんなさい。自分の気持ちを口や行動で出せるようになってきつつあって、うれしく思います。

（まゆこ）

みんなの笑った顔、緊張した顔、怒った顔、困った顔、泣いた顔。こんなにいろんな顔がみれるのは、あそび虫だからこそ。みんなの思いがすごく伝わってきてうれしかったです。家では譲歩なんて絶対しないりなが「私がそっちのチームに入るかー」なんて、びっくり！　大きくなっているんですね。さみしいけど、日に日に大きくなっている彼女を認識して、素直に喜ばなくちゃ、ですね。（りな）

そらさんのどの競技もプリントで読んでいたとおりで、それぞれいろんなことが起こり、子どもたちのせりふを目の前で聞くことができて、とっても楽しかったです。（めぐみ）

玉入れで泣いたゆうき。二回目の入った玉を「汽車ポッポ」に並べるとき、それをみつめるゆうきの顔のすごさに驚いた母でした。この玉入れにかけていたんだなあって実感。綱引きで負けたときの納得のいかない顔。ゆうきの真剣さや一生懸命さがすごく伝わってきた一日でした。（ゆうき）

「バトンタッチでどんぐりと旗とり」では、競争なのにドングリにしようか旗にしようか、じーっとみつめていたのに大笑い！　「家族でいも掘り」では、お父さんになって平均台のところまでなんと一番で走って行き、平均台もだれの手を借りることなく、こわごわだったけど渡ることができ、お山も「うーん」とうなりながら三つ共一人で登って、お山をおさえていた

私にニコニコ得意顔をみせてくれました。（ゆういち）

応援席はお母さんだけ……。ちょっぴり淋しいふうやだったけど、しばらく岡村先生のおひざに座って元気をもらい、後半は張り切っていいお顔。玉入れではみんなの気持ちがたくさん出てて楽しかったです。（ふうや）

運動会ありがとうございました。お天気も最高で、ほんとうに楽しい一日でした。四日前から急に「運動会やるんだ！」といってから、毎日毎日ウキウキしていたゆうか。帰ってきてから「何が一番楽しかった？」って聞くと、旗もドングリもなにも取らずに戻ってきたのに「バトンタッチが一番！」と答えました。もう一度やり直しで走った種目が一番なんて、子どもってておもしろいですね。（ゆうか）

家では毎日、運動会の続きです。あめ食い競争ごっこや、どこでもヨーイどん！　でかけっこ。あそび虫の歌と踊りが楽しくて、おもしろくて、みわはご機嫌です。あそび虫運動会が、みわのなかでほんとうに残っていて、それまでの積み重ねた時間が確実に実を結んでいるんだなあと思いました。（みわ）

〈きびだんご作り〉

毎日日だまりで、どろを固めてサラサラお粉をかけてはクッキーやケーキ作りが続いています。この日は土がやけに黄色っぽくて「きびだんご」風で、そのころ『かにむかし』（岩波書店――この本が好きで、言葉のやりとりはほとんど覚えている）を読んでいたこともあり、子どもたちは「きびだんごみたい」なんていって作っていました。

そのとき、ゆうき君が「なんだか、散歩に行きたくなった」というのです。まわりに聞いても行く人がないので、保育者と二人で出かけて行くことにしました。歩き始めると後ろから「行くー」といって走ってくるせいご君とこういち君。四人で園を出て川沿いを歩き、隣の家の横を曲がって山へすぐ入るとき、川のなかにみかんを発見。「あれ、サルが食べた」とせいご君。

すると急に目の前にある山が、まるで「さるのばんば」に見えてしまったのです。「サルはどこにいるの？」とキョロキョロ見回していうと、こういち君が「こわい、こわい」と泣き出してしまったのです。そこで、戻ることに決めて歩き始めると、「きびだんご、作ればいい」とせいご君がいえば、ゆうき君も「そう」と賛成。それを聞きこういち君も、それならという気持ちになったのか、泣きやみました。

そこで、園に戻って材料を探し始めると、子どもたちが「なにするの？」と聞くので、わけを話すと「行く、行く」ときびだんご作り（本物のきな粉で作る。園には小麦粉や上新粉など常に置いてあることが多く、ホットケーキやおだんごならだいたいすぐ作れる）に集まってきました。食べ終わると、百人力気分で「さるのばんば」へでかけていったのです。

〈サンタの家はどこかな？〉

前日、みんなはサンタの家は空にあるというけれど、せいご君はサンタの家は近くにあるといいます。そこで行ってみたいというみんなを連れて行くことになりました（一七一頁のエピソード〈Ｃ２〉）。翌日みんながそろうと「散歩に行ってくるねー」と出発。「僕が先頭」というせいご君を先頭に歩き始めました。

手をつなぎ、道路いっぱいのスキップ（いいのかなあ？）。うしろむきのスキップ（遅い子を見るとかいって……）。死んだカニをみつけて「さるのばんばへ行くのかな？」。柿のたねをいっぱいみつけて「やっぱりそうだ！」と納得です。

ゴミの収集場に入ってゴリラになったり、涸れた川でサメになったり……。もう、ほんとうに子どもたちの豊かな発想に脱帽（歩いているより、遊びながらいつの間にか歩いてるって感じです）。そして、真っ赤な紅葉を見れば、歌いながら「これサンタさんに持っていく」、キンカンを拾っては「風邪をひかないように、あげる」と歩いていきました。

ときどき「せいちゃん、どっち？」と聞くと「土手に行って、そこ曲がる」といっていたのに急に、「あっ、こっち、ちかみち」と曲がって歩いて行きました。りなちゃんが「もう、くたびれたあ、ちょっと休みたい」というと、せいご君は「こっち曲がると（せいご君の家の反対側）、そう」といって山のほうへ入って行きました。すると急に、歩くのがゆっくりになり元気がなくなるこういち君。

せいご君が「夕方まで歩いて行くと着く」というと、ますます元気のなくなるこうちゃん。でも、そんなことには気にせず、橋（三本橋）をみつけるとほかの子はどんどん茶畑に入っていってしまいました。そこで、こうちゃんと手をつないで行くと、先頭は茶畑を通り、山の入り口へもう到着（といっても山道があるわけではない）。

せいご　「ここを行く」
保育者　「エーッ、ここなの？」
せいご　「うん」

とうとうこうちゃんは大泣きになってしまいました。ほかの子が「サンタはこわくない」「大丈夫だよ」といっても泣きやまないのです。ところがそこは一面冬イチゴ畑で、みんなはこういち君のことよりイチゴに目がいき、食べ始めています。こうちゃんは泣きやまないので、「じゃあ、先生（山には登らず）ここにいるよ」というと、せいご君、ゆうき君、りょう君以外は「私も」「僕も」とますます、イチゴ食べに夢中です。

そんなときです。キラキラキラッと山のてっぺんの木漏れ日がクリスタルガラスのように光っているのをみつけました（前日雨だったので、おひさまが当たってほんとうにきれいです）。
保育者「見て、上のほう」
子どもたち「わあ、きれい」「光っている」
せいご「あれはサンタの電気だよ。サンタの家は雲がとどきそうなところ」
するとそれは急に真実味をおびて、その後は「私帽子見た！　赤くて白かった」「肩、赤かった」「ベルトを見た」と次つぎにいうので、「やっぱりここなんだあー」と納得してしまいました。その後、三人は人の道のない山をどんどん行くので、「ねえ、三人で行くの？　ほんとうに今日行くの？　もうお昼だから今度こようよー」と、思いつく言葉を次つぎいうと、「おなかすいたから」といって戻ってきました。そこで、「お弁当を持って、今度こよう」というと、また泣き出すこういち君。「どうすればいいのかなあ」というと、めぐみちゃんの「手をつなげばいいよ」の声に、こうちゃんも泣きやみニッコリしました。それにしても、今度のお弁当の日どうなるのかなあ？

＊実践としては一八九頁のエピソード〈E2〉に続いていきました。

4――大きくなるから、できちゃうもん　3期（一月半ば～三月）

ともだちと遊ぶのは楽しく、集団で遊ぶ姿が多く見られるようになり、話し合い活動も活発になってきます。

新しい年を迎えた一月。子どもたちはサンタクロースにもらった人形（サンタさんにもらうものは、毎年園のなかでのあそびをより豊かにしていけるものと考えています。この年は手袋人形を、りなちゃんとみわちゃんのママがみんなの分作ってくれました）を持って登園。裸だった手袋人形が、いろいろな洋服を着ていて、とても個性的です。さっそく人形劇ごっこが始まりました。外の日だまりでは砂あそびや、おだんご作りをしています。そこへ、まゆこちゃんとゆうかちゃんが二人でやってきました。

まゆこ「ねえ先生、話があるんだけど。ゆうかちゃんいってー、グループかえてって（とゆうかちゃんにいっています）」

ゆうか「話があるんだけど。グループかえて」

まゆこ「そう、グループかえて」

保育者「そうねえ、だけど、ほかの人に聞いてみる？」

ゆうき「スキー場グループがいい」
み　わ「いいねえ」
めぐみ「みわちゃん、いい」（賛成ということ）
ゆういち「ゆき（グループ）もいいねえ」
こういち「こうちゃんも、かえる」
いくみ「冬だしね」

こうして話をしていると、みんな集まってきてしまいました。そこで、グループをかえたいことを二人が伝えると賛成してくれて、グループメンバーをかえ新しい年がスタートしました。

☆グループづくり

生活やあそびのなかでのかかわりをつくる活動にグループがあります。そのときの子どものようすや課題によって不定期でかえていますが、保育者が意図的につくったり、子どもといっしょに考えてつくったりいろいろです。このときは、子どもといっしょに、今までグループになったことが少なかったお友だちがいるという視点で、二グループをつくりました。

話し合い活動も少しずつ上手になり、みんなで一つのことをやることが楽しくなる子どもたち。大きくなる（五歳児たいようぐみへの進級）ことを喜び、楽しみにする姿はとても大きいものです。

といっても、生まれ月や集団への参加経験などによる差も大きく、いつもいつも一人ひとりの自己主張をたいせつにしながら保育をすすめています。

実践記録

〈小さい子と遊ぶの楽しい〉

保育者が「小さいお友だちがあそびにきたいんだってー」と、一日入園のことを子どもたちに伝えると、ほんとうにうれしがって、ピョンピョンはねたり弟や妹の名前をいいあっています。

そこで、どんなことをしていっしょに遊ぶのかを考えて、決めたのは段ボールで汽車、新幹線、バスを作り、お店屋（三つ編み屋さん、カード屋さん、折り紙屋）に連れて行くというものでした。三日ほどかけて作り、当日は園庭に大きく線をかき、道（線路）を作り、お店屋を飾りました。駅は真んなかに積み木で作り、お客さんがくるのを待ちました。

大きな声で小さい子を呼び込む子どもたち。「どこへ行きますか？　こっちですか？」と聞く運転手さんは、ゆっくり小さい子にあわせて走っています。「この子のお兄さん？」とほかのお母さんにいわれるほどめんどうをみていたり、ほんとうにほんとうにうれしそうなみんなでした。

そして、終わったあと、お昼を食べながら話をしてくれたのは——

いくみ「お店、いっぱい人がきてくれてうれしかった」

小さい子に合わせてゆっくり、ゆっくり

ゆうき「しんかんせんの！　いっぱい乗って、うれしかった」
ゆうか「お店屋やったとき、たいへんだったの。ゆうちゃんたちが、お店やったところ」
りな「今日、お店やったとき、すごく楽しかった。葉っぱのお金、もらったもん！」
まゆこ「あのね、いちはちゃんきて、うれしかった」
みく「お店に人がいっぱいきて、うれしかった」
ふうや「僕ね、僕ね、でんしゃごっこしてるとき、いっぱいいきてくれて、うれしかった」
めぐみ「めーね、あきらがきてくれて、うれしかった」
ゆういち「あのね、きいろの（汽車のこと）うしろに乗ってくれて、うれしかった」
りょう「（隣で絵を描きながら）楽しかった！　楽しかった！　楽しかった！　いっぱい乗って、楽しかった！」
こういち「うれしかったよ！」

そして、今日お休みの、みわちゃんやせいご君のことを思って、「小さい子、みたかったろうねえ」「かわいいもんね」「かわいそうだね」と話すみんなでした。

〈ただの石だけど……〉

このころになると、お弁当を持って出かける（週一回水曜日）散歩も、「行ったことのないところ」とか、「遠いところへ行きたい」という子どもたちです。

そこで、この日は蓼科川と安倍川の合流点にある船山（通称、鬼が島）に行くことにしました。船山までは、川のなかを歩いて行くのです！　片道一時間くらいかかります。途中まできたとき、急に保育者がポツリと「あれ、鬼が島っていうんだよ」というと、止まってしまった、みくちゃん、ゆうかちゃん。

いくみ　「行きたくない」

り　な　「じゃあ、鬼いるの？　大丈夫？　豆持ってない、どうしよう」

りょう　「ちょっと、かぜっぽい。それ、はやくいってよ」（怒っています）

こういち「ここで食べよう」（涙声）

なにもいわず石をさっそく拾って戦う準備の、ゆういち君、ゆうき君、ふうや君。反応はみんな違っていて、保育者はおなかのなかで大笑いです。そんななか、まゆこちゃん、ゆうかちゃん、みわちゃんは、ひょうひょうとして、きれいな石拾いをしています。

そこで、戦う気分の子を先頭に砂だんごを作ったり、チクチク葉っぱ（とびつかみ）を持ったり、石を拾ったり、それぞれ考えていくと、なんと鬼が島の前に川が深く流れているのです。保育者が「どうしよう？」といっていると、突然の泣き声！　見るとゆういち君です。そこで走って行くと、石のいっぱい入っている帽子を持って泣いています。「石、重い。でも、（みんなは）待ってくれなかった」と大泣きです。

それを聞き、「分かった」「待ってるよ」という子どもたちのなかで、ゆうき君が「持とうか？」と聞いています。うなずくゆういち君は急に顔が明るくなり、それからはゆうき君の隣りを歩き、「落とさないでよ」と注文をしています。そして、鬼が島に渡る浅い川のところを探す間じゅう、友だちがかわるがわる持ってくれました。渡るところがなかなかみつからず、とうとう「もう、渡るしかない」と、ふうや君、りょう君と二人で靴下をぬいで、川へ入ろうとしたとき、「みわちゃん、靴ぬらさない」「あっ！　私も」「ゆうちゃん、ぬらしたくない」とみわちゃん、りなちゃん、ゆうかちゃんの三人がいったので、川を渡っていくのは取りやめになり、また、鬼が島へ渡るところを探すことにしました。

ところが、もう重くって、石をもつ人はいなくなってしまったので、ゆういち君は「もう、帰りたーい」と大泣きになってしまいました。

保育者　「じゃあ、へらす？」

ゆういち「いやー、お母さんに会いたーい」
保育者「重たいんでしょう？」
ゆういち「重たくなーい」（大泣き）
保育者「じゃあ、袋にする？」
下げられるようバッグに石を入れ替えることをいうと、納得するゆういち君。少しだけ楽になった気分なのか歩き始めたのですが、また大泣きになってしまいました。
ふうや「もう、お昼にしようよ」
いくみ「そうだねえ」
ゆうき「元気出るかも、しれない」
ゆうか「おなかすいた」
み　わ「先生、もう、ふうや君シート敷いてるよ」
ほかの子にも状況をいうと賛成してくれて、お昼をとることになったのです。「あたし、持ってあげるよ（食べたら）」「みくだって」とりなちゃん、みくちゃんがゆういち君にいっているのが聞こえます。
そして、食べ終わるのが一番だったゆうき君が大きな流木をひっぱってくると、そこへ持っていったシートをかけ、小さな小さなテント作りが始まり、ひとあそびしていると、帰る時間になってしまいました（鬼が島探検は、また続きにする）。すると、りなちゃんとみくちゃんで、どっちが石をもつかでケンカが始まったのですが、話し合ってジャンケンで決めることにしました。まず、りなちゃんが持ち、五メートルほど行くとみくちゃんにかわり、また五メートルほど行くと、ゆういち君に戻ってきました。

ところが石を持って座り込んでしまったので、保育者が「気持ちは分かるけど、石（二〇個くらい、Ｂ４の大きさの袋にいっぱい）が重いんじゃあないのかなあ」というと、怒って泣くので、「どうする？」というと、もう一つの袋を出し、「これに入れる」といって、移しかえたのです。でも、歩くとやっぱり泣くゆういち君。それを見て、ゆうかちゃんは「持ってあげようか？」とかわってくれました。まわりの子も、またかわってくれたのですが、五〇メートルくらい歩くと、やっぱりゆういち君のところへ戻ってきてしまったのです。すると、「ゆう君の背中は、石でできてるもん。足も、手もね」と怒ったようにいって、石をリュックに入れるゆういち君。そんなゆういち君を、みんなが囲むようにして、見ていて待っていてくれました。それからは、もくもくと歩き通したゆういち君。みんなも「力持ちだねえ」「すごい」といって、声をかけていました。

次の日。「家に帰って、お母さんにプレゼントした。お母さん、ぎゅって抱っこしてくれた」と、ニコニコと話すゆういち君。とてもすてきだった！

☆ゆういち君のママの手紙

きのうのおたよりで、あの日二〇個も石をもって帰ってきた理由が分かりました。ありがとうございます。今が、ゆういちにとってのはみだしなのでしょうね。
最近、家でもおばあちゃん家でも大泣きで怒ったりするのが、すごく多いです。それも、ゆういちのなかでは、ちゃんと筋が通っているようなのですが。先生もそらさんのなかまたちもとても寛大で、ほんとうにびっくりと感謝の気持ちでいっぱいです。ゆういちがすごく先生やそらさんを信頼しているからこそ、自分を出せるんですね。それと先生には手をかけさせて、ほんとうに申し訳ないと思います。私はお言葉に甘えて、今がゆういちの成長のチャンスなんだと楽しみにさせていただきます。これからもよろしくお願いします。

〈そらさんパーティーやるよ〉

・三月一一日
三月上旬より、風邪のため全員がそろうことなく、誰かがお休みをしている状況でした。そして最後に保育者が休んでしまい、久しぶりに保育に入ったときでした。絵本をみるために集まってきた子どもが、「たいようさん、たいようパーティーするんだって」と教えてくれました。保育者が「どんなことするの?」と聞くと、いろいろ話してくれました。そして、「たいようさん、最後のパーティーなんだね」というと、「あっ、じゃあそらさんは?」「そらさん（は）、たいようさん（になるっていうこと）？」「そらさんの最後のパーティーは？」といいながら、もう、「そらさん（最後の）パーティー」をすることに決まってしまったのです。

保育者「じゃあ、どんなことするの？」
りょう「なわとび！」
り　な「作ったりするの、ホットケーキとか」
み　わ「みわちゃん、それ」
ふうや「なんだか、僕、苦手だな」
み　く「劇、劇、ガラガラドンとか」
ふうや「僕苦手」
り　な「前みたくやったら（ふうやは以前に劇をやったことがある）？」
ふうや「それでいいか」
ゆうき「僕だって、あれやりたい」
まゆこ「リズム（わらべ歌や、音楽にあわせて表現して遊ぶ）がいい」
ゆうか「ゆうちゃん、ホットケーキ作るのがいい」
いくみ「あのね、あのね、あのね。遠足に行きたい、ズルズル山へ」
み　く「みく行ってないもん」
ゆういち「ゆう君も、ズルズル山行きたいなあ」

めぐみ「めぐも」
他の子「かくれんぼ」「だるまさん転んだがいい」
ふうや「エーッ、苦手」
めぐみ「苦手ってふうや君、すぐいうねえ」
けっきょく、なわとび、劇、リズム、ホットケーキ作り、ズルズル山（傾斜がきつくズルズル滑ってしまう山で、にじぐみは登れないと思っている）へ行く、踊りもあるというパーティーに決まっていきました。
「どんな劇にするのか？」では、「かにむかし」に決まりました。思い思いに好きな役をやるなかで、はじめは寝っころがって聞いていたふうや。「できるかも！」とゆうき君と石うすをやるといっていきます。サルをやるといっていたりなちゃんが「一人でさびしい！」というと、ゆうかちゃんが「二つ（はぜ棒とサルの二役）やるよ」といって決まりました。そんななか――
りな「いじわるっぽい声出ない、りな」
ゆうき「サルって男がいいよ」
保育者「エッ？　男の子って？」
ゆうき「りょう君は、どう？　おーい、サルやんない？」
それをみたりなちゃんは「自分で決めたからいいの」。「ゆうちゃんも、こわい声でないけど、いい」といってサルは、りなちゃん、ゆうかちゃんに決まりました。

たいようぐみの赤いバッジをもらって

続いて、「かくれんぼ」か「だるまさん転んだ」では——

ふうや「できなーい」

りょう「僕も（できない）」（そこへ「えーっ、やったことないじゃん」とみんなにいわれ）

「そうだった」

ふうや「ハイハイとウサギとびをやめればできそう」

いくみ「じゃあ、やめる?」（ハイハイとウサギとびの動作を）

みんな「いいよー」

そして、ウサギとびとハイハイをなくした「だるまさん転んだ」と「かくれんぼ」もやることに決まりました。

〈大きくなる会——そらぐみパーティー当日〉

・三月一八日

家の人を呼んで開かれたそらぐみパーティー。

「劇ごっこ」は、その気になって楽しむようす。

自信を持ってやる「なわとび」。

リズムのなかで、ぶつかってめげてしまったけど、立ち直っていく姿。

楽しんだ「かくれんぼ」や「だるまさん転んだ」。

ホットケーキを作って、おいしそうに食べる姿。

と、どの子も大きくなることを喜ぶ姿をみせてくれ、輝いていました。

（ズルズル山は、別の日のパーティー・パート2として行く）

☆父母の感想

そらさん一人ひとりの顔が輝いていて、とってもすてきでした。みくがリズムのとき、ぶつかったり順番の件でトラブってたりしても、すぐ気持ちを切りかえ次に進めることができたとき、ほんとうにうれしくなりました（ほんとうはヒヤヒヤしながら見てたんですけど）。にじさんのときの「大きくなる会」がついきのうのことのように思い出され、この一年でこんなにも大きくなってるんだなあーと思いながら見ていました。家に帰ってから、さっそく「たいようバッチ」（五歳児組のしるし）に名前を書いて服につけるみくでした。たいようさんになる

喜びいっぱいですね。（みく）

「大きくなる会」とてもよかったですね。歌や踊りが上手になって、ほんとうに楽しそうでした。長縄も、「僕、私、こんなことできるんだよ」って自慢気に跳んでくれて、うれしくて感動しました。「だるまさん転んだ」は、春のポッカポカの陽ざしのせいか、見ている私がとってても幸せな気持ちになって、「いつまでもこうしていたいなー」なんて思ってしまいました。（りょう）

「大きくなる会」ありがとうございました。「こういち、ちゃんとやるかな？」なんて思っていたら、もうビックリするほど友人の中に入っちゃって、だれがこういちかわからないという感じで、安心して見ていられました。縄跳びも、ほんとうに下手だったけど、最後までやり抜くところ、こおり鬼も楽しそうでした。

牧野さん（みくママ）が、「こうちゃん大きくなったね」って涙を浮かべて喜んでくれました。こういちも友だちのなかで大きくなったけど、私もいっしょに喜んでくれるお母さんたちのなかで、のびのびとしていられる、ほんとうに幸せだなあと思いました。（こういち）

そらさんの一年がどんなに楽しく充実していたかよくわかった気がします。「私、牛フンやる。めえちゃんち笑うけどね。私へいき」なんて、すごく得意そうにいってたけど、そのとおり。ペタリペタリ進むとこなんか、そのもの。そんな自信をもってやってるいくみがまぶしかったです。

（いくみ）

「大きくなる会」とても感動しました。前日、ゆういちが急にカニむかしの話をしたわけがわかりました。そらのパーティーみせてあげる！　といっただけあって、その成長ぶりは想像をはるかに越えていました。私は劇を見てはウルウル、縄跳びを見てはウルウルしていました。みんなとってもいい顔をしていましたね。

（ゆういち）

「ぼくはうすをやる！」と数日前から意気込んでるゆうき。私もすごい楽しみにしていました。「大きくなる会」すばらしかったです。ちゃんとお芝居になっていました。かわいらしさ、その子らしさ、いっぱいでていましたね。ゆうきのうすは、りなちゃん重たかっただろうなあと思い、りなちゃんママにいったら、「女優だから耐える」と答えてくれ、笑えました。

（ゆうき）

「幼児期の一年は大人の一〇年分」といった人がいましたが、ほんとうにこの一年の子どもたちの成長は目覚ましいものでした。

自分の思っていることや考えをうまく表現できない子どもたちも、一見わがままにもみえるような要求を、毎日毎日、園の生活でみせています。そこを受け止めることは困難なこともありますが、おもしろくもあり楽しくもあり、毎日がワクワクドキドキするものです。子どもが他人である保育者に、要求を受け止めてもらうという経験は、「信頼」を子どもたちに育てていき、同じに生活するなかまに目が向きはじめる力となっていくのだと思っています。そして一年、なかまのなかで自分をありのままに出し、なかまといっしょに遊ぶ楽しさを育てていった子どもたち。今は自分の思いを出したり、違ったときには子どもなりにどうしたらいいかと、合意をつくろうとする子どもたちの姿が見られるようになってきました。一人ひとり現われ方も時期も違うけれど、そうした違ったみんながいっしょに生活し、遊ぶこと、そのことがまた、みんなを大きく成長させた一年だったように思います。

第4章

ありのままでいいんだよ

二児にみる四歳児の自己コントロール力形成過程

1——対象児の選定とエピソードの抽出方法

前章では四歳児そらぐみが、一年間どのような生活やあそびをおくってきたかについて紹介しました。本章と次章では、その同じ一年間のなかで特定の二人の子どもに焦点を当てて、なかまたちとの暮らしやあそびのなかで、どのようにして「第二の自我」＝自己コントロール力を形成していったのか、ということを検証してみます。

主に対象にしたのは、一般的には「集団に入れない」とか「気になる子」ととらえられている、比較的自己主張が強いと思われる、ふうや君（六月生まれ）とせいご君（九月生まれ）です。

まず、一九九八年四月から一二月までの詳細な保育記録を共同で（岡村、山岡、金田）読み直すことから始めました。そのなかで、以下のようなことが明らかになりました。

一般に、四歳児クラスの課題は、自己コントロール力の形成におかれますが、記録をたどっていくと、その四歳児期のなかにおいても、「すね」たり「ごね」たりするという、一見マイナスにみえる長い自己主張期があり、それを十分に保障することを経て、自分から他者に近づきたいという動機が芽生え、自ら働きかける時期を通して、他者とのかかわりのなかで自己の要求をコントロールすることが可能になるということがみえてきました。

過程	エピソード／タイプ	1	2	3
Ⅰ期 自己主張期 〔自分で見つけたあそびをたっぷりと〕	A	そらじゃあない、にじじゃあない（5/1）	どろんこは楽しいもーん（5/26）	おだんご作るんだもーん（9/10）
	B	コウモリのところへ行きたい（6/24）	てんぐに会いたい、泊りたい（7/13）	
Ⅱ期 集団への働きかけ期 〔友だちを求める心を支えて〕	C	パーティーやりたい（9/7）	サンタの家、近くにある（12/3）	
Ⅲ期 自己コントロール期 〔友だちとつくるかかわりをゆっくりと〕	D	一人で数えないとわからなくなる（10/16）	にんじんさんが入ってくれればいい（10/21）	食べたくないんじゃあないの（10/22）
	E	僕がんばるよ（7/15）	しょえばいいんだ（12/9）	

表3　エピソードによる自己変革過程表

そこで、Ⅰ期（自己主張期）→Ⅱ期（集団への働きかけ期）→Ⅲ期（自己コントロール期）という大まかな仮説を立ててみました。

次に、ふうや君、せいご君の二人に焦点を絞って、

①自己主張が強く表れている

②時間の経過と共に、個と集団との関係において、質的変化が見られる

の二つの視点で、一二のエピソードをとりだしてみました。

その結果、同じ自己主張期（Ⅰ期）ではあっても、個と集団とのかかわりにおいてタイプの異なるものがあることがみいだされました。一つは、集団や保育者のほうから呼びかけても離れていきたい（自分だけの自己充実を求める）タイプ（A）と、もう一つは集団とは関係なく自分たちだけでやりたい（思いつきの自己充実を求める）タイプ

（B）です。また、今回の記録からは、自分から他者を求めるⅡ期にはタイプが一つ（C）しかみいだせず、自己コントロール力を獲得するⅢ期においては、二つのタイプがみいだせました。一つは、他者との対話により合意を形成して自己充実していくタイプ（D）と、もう一つは、自分のなかの他者とかかわりあって自己充実が生まれるタイプ（E）です。

以下、Ⅰ期（タイプA、B）、Ⅱ期（タイプC）、Ⅲ期（タイプD、E）の順番で一二のエピソードを紹介しますが、それを一枚の表にしたのが**表3**です。

＊ここで抽出されたエピソードは、前章「四歳児そらぐみの一年間」の記述と重なっていたり、出来事が前後していたりしますが、文中の注や実践の日付などを参照しながら読みすすめていただければと思います。

2——自分で見つけたあそびをたっぷりと　Ⅰ期＝自己主張期

A1 〈そらじゃあない、にじじゃあない〉五月一日

ひとあそびしたかなあと思う一一時すぎでした。前から約束していためぐみちゃんの誕生日の話し合いのため、「そらさーん、集まるよー。めぐちゃんの誕生日の話をしようー」と声をかけました。うれしそうなめぐちゃん、みわちゃん、ゆういち君、りょう君、こういち君たち。

ゆうき君はメザシみたいに並んだ紙のこいのぼりを「できた！」とうれしそうにみせながらやってきました。それを見たいくみちゃんは欲しくなってしまい、「これ、作ってー」と、急いで紙を持ってきたのです。しかし、作りながら話し合いをするのは無理なので、「今からめぐみちゃんの誕生日の相談をするから、それが終わってから、続きにしてほしいんだけど」と声をかけたのです。ところがいくみちゃんは「イヤー！」といって大泣きしてしまいました。

すると、「どうして、いくみちゃん泣いてるの？」といって集まってきた子どもたち。わけを話すと、なんとなく分かった感じの雰囲気になり、黙ってテーブルに戻ってきました。そこで、「きっと、いくみちゃん、続きにできると思うよ。待ってるね」と声をかけ、ふと外を見ると、せいご君、ふうや君、みくちゃんが、ネッシー君（三階建の遊具）の上で楽しそうな顔で遊んでいるのが

見えるのです。「ねえ、めぐちゃんの誕生日のお話をするから集まるよー」と呼ぶと、話に夢中の三人は「聞こえない」って感じで、返事がありません。そこで、もう一度、「今からめぐちゃんの誕生日の相談をするから、集まってきてー」というと、「そらじゃあないもん」とふうや君がいえば、せいご君も「にじぐみ（三歳児）でもないもん」とうれしそうな返事が返ってきました。

それを聞いていた子どもたちは、「えー、そらじゃあないんだって」「にじぐみでもないんだって」なんていっています。そこで、「ちょっと話してくるね」と、靴をはいてネッシーのところまで歩いていき、「ねえ……」と話し始めました。ところが、三人は先生がきてくれてうれしくなってしまったのか、ますますあそびに夢中になり、返事もしません。困ってしまい三階にいるせいご君に、「せいご君、さっきからお話ししてるのに、どうして聞いてくれないのかなあ。もう、幼稚園ママ（このころ、せいご君は私のことをそう呼んでいたので）困っちゃったなあ。ふうちゃん（この三月まで在園していたお姉ちゃん）に相談しようかな」と話しかけました。

するとせいご君はニコニコしてネッシーの二階に降りてきて、「お話ししてないじゃん」なんていうのです。そこでもう一度わけを話すと、「うん」なんてすごーくいい返事をして、保育者をおいて部屋に走っていってしまいました。その姿にびっくりしていると、今度はふうや君とみくちゃんの二人が、「行かないもん」「そう」「なーんにも、やんない」と楽しそうに話をしています。

「じゃあ、みんな集まっているから相談してるね」と告げて部屋へ戻ると、いくみちゃんが少し自分で作ったこいのぼりをみせながら、うれしそうに「あとにする」というのです。「いくみちゃんね、続きにするんだって。すごいねえ」というと、聞いていた子どもたちから拍手がおこり、いくみちゃんもにっこりでした。

集まっていたみんなに保育者が遅れたわけを話すと、「呼ぼう」ということになり、みんなして窓から二人を呼びました。でも二人の返事は――

ふうや「そらじゃあ、ないよー」

みく「にじじゃあ、ないよー」

そこで、「じゃあ、相談してるよ。そらになったら、きてね」といって、めぐちゃんをかこみ、お誕生日の歌をうたって相談を始めました。めぐちゃんは前から自分で決めてあったらしく、「作るパーティー。プリンを作りたい」と話してくれました。にじぐみの、りこちゃんはプリンを作るというのが分かると、なかま入りしてきました（「あおぞら」では、この子に限らずおもしろい活動があると、クラスを越えてなかま入りしてきます）。保育者としては、「作るパーティー」ならその機会に包丁などの経験を増やしたいと思っていたのですが、「プリン」ときっぱりいうので、包丁はまたの機会にすればいいと、プリン作りに決まったのです。それならと、「四月生まれの、めぐちゃんに似合うよう、園のまわりのスミレを摘んで、スミレプリンにするというのはどうかなあ?」というと、めぐちゃんはもちろん、みんなも「いいねえ」「そうする」ということになり、さっそくスミレ摘みに行くことになりました。ところが、靴をはいてそらさんが一番に走っていくのは、なぜかみくちゃんとふうや君のところ。

いくみ「今から、誕生日のプリンのスミレを摘みに行くよー」
りょう「そらさん、行くよー」
せいご「誕生日やるよー」
次つぎに二人に呼びかけます。すると、二人からは――
ふうや「うるさい」
み　く「うるさい」
み　わ「うるさいだって」
ふうや「イヤ」
み　わ「あっ、イヤだってー」
ふうや「キライ、そらさんも先生もキライ」
み　く「うるさい」
でもお互いいい合いっこをして楽しんでいるようで、ニコニコ顔なのです。そこで「めぐちゃんと仲良しのみくちゃんがお祝いしてくれないなんて、めぐちゃんうれしくないと思うよ」と声をかけると、それを聞いていためぐみちゃんは、「みくちゃん、めぐの誕生日……」と声にならず泣き出してしまいました。ところが泣きやむと――
めぐみ「もう、かわいいスカート、見せてやんないから！」（怒っている）
み　く「いいもん、キライ」

ふうや「キライ」
みく「キライ、キライ」
ゆういち「あっ、僕のこと、キライだってー」
さらに、僕は？　私は？　と聞くそらさんに、「キライ、キライ」と繰り返す二人。でも、すごく楽しそうなのです。まゆこちゃんが「まゆこもキライだってー」と、元気がなくいうので、「先生もキライだって。悲しくなっちゃうなあ。私はだーい好きなのに」といって泣くまねをすると、それを聞いたりなちゃんは、「私にまかせて！　そんなことしてると、お母さん怒るよ」ときっぱりいうのです。もう、その言い方には笑いをこらえるのがたいへんでしたが……。
続いてせいご君も「そうそう」と相づちをうっています。そうしたら今まで黙っていたゆうき君が「だめだよ。おまえっちのほうがそんなことしてると、たいようさん（五歳児）にそらさんはなるけど（まだ一一カ月もあるのですが）、どうする？」といったのです。それには困ると思ったのか、降りてくる二人。ところが、またまたゆうき君が「そらさんじゃないんだから、降りてこなくってもいいんだよ」と怒っていったので、二人してブランコのところへ走っていってしまいました。でも、すごくうれしそうにニコニコしているので、保育者が「じゃあ、私たちそらさんは、誕生日のスミレ摘みに行ってくるね」と声をかけたのです。でも気になるのか、せいご君が「二人だけになっちゃうぞ」というと、二人は、「いいもんねー」。
そこでみんなは、園舎の裏側にまわってスミレを探し始めました。保育者も二人の見えるところで探していると、二人で何か話をしているのです。話の終わりのほうがかすかに聞こえました。
ふうや「もう、なかまに入った」
みく「みくも」
そんなとき、スミレを探していた子どもたちが、一本しか見つからず、「ないよ」「もうない」と戻ってきました。そこで、保育者が「じゃあ、山のほうへ行ってみようか？」と二人に聞こえるくらいの声でいうと、二人がそばにやってきました。保育者が「どうしたの？　今から私たち、スミレが一本しかなかったから、山にとりにいくんだけど」というと、二人はニコニコしてくっついているので、もう一度「なに？　なにか話あるの？」と聞いてみました。
ふうや「もう、そらぐみになる」
みく「みくも」
するとと聞いていたみんなは、「いいよー」「いいけどー」「今度、そらさーんって呼んだらきてよー」「そうそう」とうれしそうに答えています。そんな声を聞き、二人も「分かった」「分かったよ」とちょっと神妙な返事をしてなかま入りでした。なかまに入ったら、もうみんなはそらさん。そのあとはニコニコと、スミレ探しに山へでかけて行きました。

コメント

めぐみの誕生日の相談をするのに、「そらぐみじゃないよ」と参加しなかったふうやとみく。

その後、自分たちのあそびがおもしろくないので、「そらさん」といっしょに遊びたいが、自分たちからはいい出せない二人と、二人のことはあまり気にかけず、自分たちのやりたいことをしているみんなとの心の交流をするために、保育者が媒介者として存在するという構造がここから読みとれる。

二人のあそびは保育者を通してみんなに知らされており、また、スミレ摘みに行くときに「私たち……山にとりにいくんだけど」と声かけをしているように、みんなの動きもそのつど二人に伝えている。そうすることにより、二人のなかにみんなの存在が意識されていくように思われる。ここでは、集団から個への要求はなく、ただ了解しているという状態である。

A2〈どろんこは楽しいもーん〉五月二六日

朝から雨上がりにおひさまがでて、側溝に山から水が流れ、遊びにはとってもよい所を見つけました。葉っぱを流すだけではものたりず、側溝のなかに降り、服やらサンダルを流して追いかけっこをしたり（せいご君は、ほんとうにサンダルを流してしまうというおまけつき）、最後はジャバジャバ走ってきては、スッテーンと転ぶあそびに夢中のゆうかちゃん、いくみちゃん、りなちゃん、せいご君、りょう君、ゆうき君、ふうや君たち。ちょっと入ってあがってきた、ゆういち君、めぐみちゃんは、お部屋で牛乳パックでいいものを作っています。にじさんと、どろんこままごとをしているのは、まゆこちゃん、みくちゃん。こういち君は自転車に乗り、どろんこあそびのお友だちの間をぬけるように走って遊んでいます。

そんなみんなのあそびが切れそうなころ、「もうすぐしたら、きのう約束していた動物園へ行くパーティー（新しいお友だちが、お弁当しばりができるようになったことを祝う）の相談をするから、集まってねー」と声をかけておきました。そして一一時ころ、「ねえ、さっきいっていたことを相談するから、そらさん集まるよー」と声をかけたのに、集まったのは数人でした。そこでもう一度「動物園へ行くお話なんだけどー」というと、「そうだった」なんていいながら集まってきました。

どろんこ大好きのせいごとふうや

ところが、側溝からあがったせいご君、ふうや君は、ビショビショのままどろんこプールに入り、カバさんみたいに座ったり、とびこみジャンプをしたりしてニコニコ顔です。もちろん返事は——

せいご　「いやだよー」

ふうや　「にじぐみだもん」

それを聞いていたゆうき君たち数人が「動物園いくんだよ」「そらさんは、集まるよー」と呼びにいったのですが、「いやだよーだって」と戻ってきました。みんなには「そらぐみさんになりたくなったら、また、くるかもしれないねえ」といって、二人には大声で「そらぐみさんになりたくなったら、きてね。動物園に行く相談をしてるから」というと、ニコニコ顔を見合わせるせいご君とふうや君でした。

聞いてない子に、きのう話したことを伝え、新しいお友だちのゆういち君とまゆこちゃんに、お弁当を包むハンカチを上手にしばるところを見せてもらいました。すると見ていた子どものなかから、「（自分たちも）みせたーい」という声があり（にじさんのとき、しばるパーティーをした子どもたちですが）、「みせたい子」もやったりして拍手をいっぱいした後、いよいよ相談。「あした、行くー」という声がほとんどでしたが、「あしたは給食の日だから、次のリュックの日（お弁当を持ってくる日）にしよう」ということにして、「あと二つ寝たら、動物園に行こうね」と決まりました。

そのあと、まだ作ってないめぐちゃんへの誕生日

上手にしばるところ見ててね

カードを作ったりしてお昼になりました。その間、外を見ると、二人はいい顔でどろのなかに座りこみ、どろをかけたり、寝っ転がったりして遊んでいます。みんなが手を洗い始めたので、「あのさあ、もうお昼なんだけど、そらさんのなかまに入るんだったら、ちゃんと洗って着替えてからきてね」というと、二人はいい顔をして「はーい」と、どろからあがって外の水道で体を洗い始めました。ところがこの水道がまた楽しくなってしまい、水あそび。蛇口に指をつけてビューンとやって、アハハハハーと大笑い。ところが、どんどん水があふれ、水浸し状態になってしまいました。「それじゃあ、幼稚園の水なくなっちゃうし、困っちゃうなあ」というと、あわてて体を洗う二人。

ふうや　「せんせーい」

保育者　「なに？」

ふうや　「せんせい、やってよー」

保育者　「なにを？」

ふうや　「服、ぬげない」

どうも、濡れた服が体について、脱ぎにくくなってしまったようす。そこで、少しオーバーに、「えーっ、そらさん集まってーっていったときならお手伝いしたかったけど、今はできないんだよ。お昼の仕度しているから、ごめんね」。

せいご君がふうや君の服をひっぱったりして、どうにか服を脱ぎ、裸になった二人。それがまたうれしくって、さわりっこしているのです。おなかもすいているので、「あのー、仕度できたし、先食べてるね、私たち。いい？」と聞くと、急にお昼のことを思い出したのか「いいよー」といいながら急いで着替え、手を洗って、食べているみんなの所へきました（その早いことには、びっくりです）。

せいご「なかまに入れてー」

ふうや「ふうやも、なかまに入れてー」

すると、すかさず――

いくみ「いいたいことある。どうして呼んだときにきてくれなかった？」

ゆうか「どうして？　呼んだらすぐきてほしい」

りな「もっと早く（呼んだときということ）、そらになってほしい」

みく「みく、いいたい。早くきてほしい」

めぐみ「めぐだって、めぐの誕生日カードのとき、きてほしかった」

ゆうき「はい、僕も、僕が呼びに……」

ゆうき君は、いっている途中から、泣き出してしまい、みんなもシーンとなってしまいました。

「ゆうき君、悲しいんだって。大好きな友だちが呼びにいったのに、きてくれなかったもんで」というと、ますます泣くゆうき君。それを見て、それまではニコニコうれしそうに「分かったよ」なんていっていたせいご君が、うつむいてしまいました。ふうや君も、ニコニコ顔が消えてしまい、困った顔。「りなだって、きてくれないもんで、悲しくなっちゃったよ」といわれ、ますます元気がなくなってしまった二人。

保育者　「そらさんね、せいご君とふうや君が大好きなもんでね、いっしょに、そらさーんって呼んだときてほしかったっていってるよ」

せいご　「うん」

ふうや　「……」

うつむき、困った顔をしていた二人ですが、そのあとは、自分のグループの所へ行って、お昼の仕度をした二人は、うれしそうに食事を食べ始めました。

保育者　「ねえ、どうしてこなかったの？」

せいご　「だって、楽しいもん」

ふうや　「そう、どろんこ楽しいもん」

その言葉に、みんなも納得でした。もちろん保育者も「ほんとうにそうだよねえ。楽しいんだよね。楽しいときはやめられないもんねえ」と話をしたのでした。

コメント

話し合いをするために保育者が呼びかけるが、せいごとふうやは「いやだよー」といって楽しそうにどろあそびをする。その後「なかまに入れてー」とみんなにいったとき、みんなからは二人に対する要求をいろいろいわれるが、あそびによって自分自身が満たされているため、しっかりと聞くことができている。

ここでは保育者の仲介なしに、個は集団に働きかけている。しかし、集団のほうはすんなりそれを受け入れず、「どうして呼んだときてくれなかった?」「早くきてほしい」という二人に対する要求を伝えている。二人が集団の活動とは違うことをしていることを、集団は保育者を通して知らされており、さらに集団としての要求を個に伝えることができている。

保育者は、せいごとふうやに対して、どろんこで遊ぶ時間の〝間〟を十分に与えることによって、二人は納得のいくまであそびを楽しむことができたと思われる。そして、集団から出てきた二人への要求は見守り、その時間を保障し、どろんこを楽しいという思いに共感しつつ二人にとって内面を見つめる機会として指導しているように思われる。

A3 〈おだんご作るんだもーん〉九月一〇日

「パーティーをしたい」ということから、プカプカパーティー（川で浮輪でプカプカするあそびを見せっこして、カレーを作るというプログラム）を計画した子どもたち（一六九頁のエピソード〈C1〉）。この日は晴れているので川に行けます。前日お休みしていたみわちゃんが、「みわちゃん、今日くる！」とみんな楽しみで（みんなが集まったら、パーティーすると決めていた）、朝からきた子から仕度が始まりました。さっそく、ゆうかちゃんが「野菜も持ってきたよ」と、トマトや玉

ねこの手にすると大丈夫だよ

浮輪でプカプカパーティー

ねぎ、ニンジンを見せると、めぐちゃんも「持ってきた」と大きな玉ねぎを見せてくれました。玉ねぎを切りながら「涙がでちゃう」といって泣くゆうき君。そんなゆうき君を見て、「いつもやっているから、僕上手」と、せいご君が得意顔でいっています。こういち君の側にくっつき、玉ねぎがはがれると、一枚ずつ「ハイ」「ハイ」と渡すいくみちゃんとめぐちゃん。とても楽しそうです。

せいご君の言葉を聞いたゆうかちゃんが「ゆうちゃん（ゆういち君）も上手だけど」といったとたん、ゆういち君が手を少し切ってしまいました。

いくみ「手をこうするといいよ」
ゆうか「ネコの手だよ」
み　く「そうそう、こうやる」

ゆういち君の後ろにまわり、見本を見せてくれました。そのうち、ふうや君が遅れて登園してきました。

りょう「先生、ナイフ持ってきた。それと、魔法のおいしくなるのも（りょう君の家で使っているスパイスらしい）持ってきたよ」
ふうや「ねえねえ、どれ切る？　僕早く切りたい」
り　な「みじん切りでいいかしら？」
み　わ「みわちゃん、料理好きだもん」
ふうや「僕、家で料理するんだあ」
まゆこ「ねえねえ、エプロンは？」

いっぺんにお話をしてくるそらさんに答えながら、やっと野菜を切り終わり、ほっ！　でした。切った野菜を飯盒に入れて、いよいよ川へ出発です。

河原へつくと、さっそく川へ入り、思い思いに遊び始めました。ひとあそび終わったころに、「みんな集まってー、今からパーティーするよー」というと集まってきたみんな。グループごとに、浮輪のプカプカ泳ぎを、手をつないだり、ラッコプカプカ、一人乗り、いす乗りなどなど、みんなの前で思い思いにやってくれました。ところがふうや君は、座ったところで作っていた、おだんご作りがおもしろくなってしまったらしく、「イヤ、やんない。おだんご作るんだもん」といって、一度は川へ入ったものの戻ってきてしまいました。

「ふうや君、ほんとうは、水が大好きなのに、どうしたのかなあ。今日はパーティーの日なのにねえ」というと、子どもたちも「がんばってー」の声を送ります。でも、じーっとするふうや君。おだんご作りに夢中なのです。「じゃあ、遊んでいて、またやりたくなったら見せてくれるかなあ?」と声をかけ、その後はまた、深いところへ行ったり、競争しあったりして川あそびを楽しみました。

そしてカレーを作る時間になったので、ふうや君に「どうする?」と聞くと、「イヤ、やんない」というのです。それを、そばで聞いたりなちゃんが、「今日はイヤなんだー。でもいつも遊んでるのに」というのです。保育者も「そうだね。ふうや君いつも遊んでるもんね。同じパーティーのなかまだもんね」といいました。川にいたみんなもふうや君が川に入らないことを納得したのか、川からあがってカレー作りの準備にとりかかり始めました。それを見るとふうや君もニコニコして川に入ってきて、砂をきれいにとってから、かまど作りのなかまに入り、いっしょにカレー作りが始まりました。

コメント

プカプカパーティーをするために川に行くが、ふうやは「イヤ、やんない。おだんご作るんだもん」。保育者は「やりたくなったら、見せてね」というが、けっきょくやらなかったふうや。そんななかで「今日はイヤなんだー。でもいつも遊んでるのに」という、りなの言葉にほかの子も川に入らないことに賛成する声が響き、それを聞いていたふうやはニコニコとはりきってカレー作りのなかまに入っていく。ここでは集団は個の自己充実を認めており、個（ふうや）を自分たちのなかまとして認めている。つまり、個と集団がお互いを認め合い、集団のなかで自ら要求も出せるという関係のなかで、自己充実をしているものと思われる。

B1 〈コウモリのところへ行きたい〉六月二四日

六月生まれの誕生日会で動物園に行ったときのことです。動物園では、保育者が見えるところにいることだけを約束して、いつも子どもたちだけで、それぞれ見て回っています。キリン舎に向かっていく右手に土手が続き、つるがのびています。それをひっぱるゆうき君を見て、保育者が「うんとこしょ、どっこいしょ」というと、助けに行く子がいて「うんとこしょ、どっこいしょ」の声が大きく響き、四人目くらいのときに声にあわせてつるが抜けたのです（ウソみたいな、ほんとうの話）。みんなは大喜び！

そして、つるをヒモにして電車を作ったゆうき君は、「出発しまーす」と声をかけています。乗ったのは女の子みんな。男の子はキリン舎もゾウ舎も通りすぎ、鳥舎（鳥舎は二重の扉で、なかに入ると直接鳥が見られる）に入っていき、そこでパプーパプーと声を出しています。それを見て女の子も「鳥のところへ行ってくださーい」と運転手のゆうき君に注文しています。ギュウギュウになった電車が動きます。鳥舎について女の子がおりると、今度のお客さんはこういち君。後ろにゆういち君も乗っています。三人で出発しておもちゃのライオンの乗り場の前を通ると、乗り物をめぐってりょう君とりなちゃんがなぐり合いをしているのです。ゆうき君が「ほかのもあるよ」と声をかけたけどやっぱりだめで、保育者といっしょに話し合いが始まりました。

そして今度は、ゆういち君が「ここ線路。運転手（僕）」といって、お客さんはゆうかちゃん、まゆこちゃんになって出発です。めぐみちゃんが、さっき拾ったみかんを「梅干しにする！」といって、みわちゃんとどろんこの大きなおにぎり作りに夢中です。その前も電車は通過します。

そんなとき、先にどんどん行っていたせいご君とふうや君が「見てなかった（鳥舎のこと）」「ふうやも」と二人で顔を見あわせ、鳥舎にとんでいくとゆういち君の電車と出会ったのです。すると、どろんこで遊んでいた子も、遊具で遊んでいた子も、電車の子もみんなドドーと鳥舎に走って行ってしまいました。そしてまた戻ってと繰り返し、そのことがうれしくってたまらないみんなはキャアキャア。

しばらくして「おなかすいたよー」の声が多くなったので、お昼にすることにしました。この日はこういち君とふうや君のお誕生日パーティーで動物園にきたので、誕生日の歌をうたって「いただきまーす」をしました。

食べ終わった子から、さっそく焼きそばごっこやかくれんぼが始まっています。ふうや君とせいご君が、まだ食べている保育者のところへやってきました。

ふうや「ねえ、あそこのコウモリのところ（暗闇館のこと）へ行きたい」

せいご「せいごも」

みんなが食べ終わっていないので、ちょっと困ったのですが、「じゃあ、二人で行ってみる?」というと、喜んで、ピョンピョンしています。「ここ動かないからね（建物は見えるのですが、なかへ入ると子どもが見えなくなり不安でしたが）」と見送ると、二人で走ってでかけていきました。そして五分くらいすると、ものすごくうれしそうな顔で、「おもしろかったっけー」とルンルンで戻ってきました。それを見ていた、こういち君とりょう君の二人。

こういち「コウモリのところへ行くー」

りょう「りょう君も行くー」

保育者「じゃあ、二人で行ってみる?」

大喜びで二人で手をつなぎ、ピョコピョコかわいく走っていきました。なんだか『はじめてのおつかい』（福音館書店）の雰囲気……。そして、戻ってくると、「すごく楽しかった」（りょう）「外にいた、こわかった、オレ」（こういち）といいながらも、ニッコリでした。お昼を食べ終わって、またみんなで行こうと暗闇館に出発です。でも、いくみちゃんとこういち君が「こわい」と外に残るというので、保育者も「こわいからいっしょにいる」と、外で待っていると、戻ってきた子どもたちは、ちょっと冒険した！　という自信いっぱいのいいお顔でした。

コメント

個と集団の関係は、〈Ａ１〉～〈Ａ３〉と同じように、集団とは違う行動をしている個と、それをただ見ている集団という関係になる。しかし、せいごとふうやが二人だけで暗闇館へコウモリを見に行き、「おもしろかったっけー」という姿を見て、りょうとこういちも「僕たちも行ってみたい」という気持ちになり、実際に自分たちだけで行く。せいごとふうやの楽しそうな姿が、ほかの子に同じような要求を生み出したと思われる。二人の子がほかの子どもの行動を誘発する立場になったといえる。

保育者としては「自分たちだけで行ってみたい」という個の気持ちに共感し、「ここで待ってるよ」と声をかけることで個を認め、見守っている。また、あとから「行きたい」といってきた二人に対しても同じような態度で接し、ふだんから自己主張の強いせいごとふうやだけを特別視するのではなく、どの子の主張もすべて同じように受け入れている。

B2 〈てんぐに会いたい、泊りたい〉七月一三日

ここのところ、忙しそうにしているたいようさん（五歳児）。「泊る」とかいう言葉も聞こえたりしていましたが、この日は「てんぐに会うから、お堂に行く！」とかいっています。それを聞いていたにじぐみ（三歳児）のよしあき君、りこちゃん、そして、そらぐみのめぐみちゃん、いくみちゃん、りなちゃん、ゆうかちゃんは、いっしょに行きたくなって、たいようさんのところへ行ったのです。そして、「てんぐのお堂へ行くの？　連れてってー」「なかまに入れてー」というと——

りょう　「僕っち泊るから、泊るならいいよ」

なぎさ　「でも、にじさんこわいからむり」

たばたゆうき「なんでもかんでも、自分でやるんだよ」

ももこ　「おふとん、しくのも」

しおり　「そらさんじゃあ、むりだよ」

たばたゆうき「お母さん、お父さんもくるわけないじゃーん。夜、泣かない？」

ぶんご　「ごはん、作れる？」

しおみ　「お母さーん、て泣かない？」

しんのすけ　「カレーとレモン酢サラダだよ」

次つぎとたいようさんにいわれてしまい、子どもたちはすっかり困ってしまいました。そこで保

育者が「じゃあ、ちょっと相談してみるよ」と、戻って相談してみることにしました。外にいたゆうき君、ゆういち君、せいご君、みくちゃん、ふうや君、りょう君たちに「ねえ、ちょっと相談したいことがあるんだけど、いいかなあ?」と、今までのことを話して、いっしょに相談に乗ってもらうことにしたのです。

いくみ「お父さんとお母さんにおこられる」

よしあき「お父さん、お母さん、おこるもん」

にじぐみのりこちゃんは、みるみる顔色が変わって、外へ行ってしまいました。

いくみ「お父さんと、はなれたくない」

ふうや「いい、吉津のバーバに聞いて、いいといったら。あっ、そのとき吉津に行くからダメ」

りな「ママといっしょに、なにか作るからダメ」

りょう「夏休み、あのさあ、ピカチュウ(映画)みにいくから、ダメ」

やつぎばやにしゃべって、保育者は話す間がありません。みくちゃんは、ゆうき君が困っている顔を見ると――

みく「ななちゃん(ゆうきの妹)、泣くから?」

ゆうき「そう、泣くと困る」(ほっとした顔になるゆうき君)

ゆうか「ピカチュウの、夏休み行くし、千葉にも行くもん」

めぐみ「イヤ、もう少しでキャンプ行くんだもん。あきら(弟)、泣くから」

み　く　「そうそう、いっしょに行くんだもんねー」

なんだかお互いに話を合わせているようです。すると、今まで困った顔をしていた、まゆこちゃんがきっぱりと、「お母さんと、はなれるのイヤ！」というと、ゆういち君が「こわいもん」というのです。それを機に、次つぎに「こわいもん」「はなれたくないもん」の声に変わってしまいました。

保育者　「そらさんはやっぱりこわいし、お家の人とはなれたくないもんねえ」

り　な　「ちがう！　私は、ママといっしょに（料理を）作るから、あと二こ寝る」

保育者　「そうか、その日はむりっていうことなのかなあ？」

り　な　「そう」

そんな話をずーっとだまって聞いていたせいご君が「いい、てんぐに会いたい、泊りたい！」ときっぱり。すると、ふうや君も、「ふうやも、泊りたい」というのです。「えーっ、さっき、泊らないっていったのに？」との念押しにも「泊りたい、ふうやも」と動じません。

じゃあ、それをたいようさんに伝えて聞いてみよう、とでかけていきました。

たばたゆうき「えーっ、むりだよ。朝から夜まで、水あそびしてたら困るもん」

ま　お　「水で遊ばないなら、いいよー」

りょう　「ホントー？」（二人の顔をのぞきこんで）

それでも決心が変わらない二人を見て、なぎさちゃんと、おおむらゆうき君が「じゃあ、地図描くの手伝ってー」といってくれたのです。二人はとってもうれしそうで、ニコニコです。

しおみ「きれいにぬってー、ぶんご君みたいに」

ももこ「水色のほうがきれいだよ」

たばたゆうき「あなた！　ぜんぜんぬってないじゃあないの」

早々にするどくメスを入れられてしまう二人。「なんかせまい……きゅうくつなんだよ」と地図を描く場所のことをいおうものなら、「泊る人は、そのくらいがまんしてー」なんていわれてしまいました。でも、居心地の悪い思いをしても(こんなはずじゃあなかったのかもしれないのにねえ)、地図ができあがり、お堂に地図を置きに行く段になると、「エッ！　今から行くのー」と、とてもうれしそうにたいようさんについて行く、せいご君とふうや君でした。

そのころ、「泊れない」と戻ってきた九人の子どもたちは、「勇気あるねえ」「あたしっちは、泊れない」「ふうや君とせいご君、かっこいい」と何度もいうので、保育者が「それじゃあ、かっこいいたいようさんに、いいもの作って、プレゼントする？」というと、「いいねえ」と、二人がたいようさんとお泊りの準備をしている間に、プレゼントのブレスレット作りが始まりました。ひもにストローを通して作る、かんたんなものなのですが、入れたところを押えてないと、どんどん落ちていってしまうのでなかなかたいへんです。保育者はブレスレットに入れるプレートの文字に悩み、子どもたちに聞いてみました。

保育者「ねえねえ、なんて書けばいいかなあ？」

いくみ　「かっこいいよ、っていうの、どう?」
りょう　「泣かないで泊るっていうの、どう?」

そこで、自分の思っていることをそれぞれいって、保育者が書くことに決まりました。それにしても「せいちゃん、ふうちゃん泊まれるんだってー」と、ブレスレットを作りながら感心していうと、「すごーい」の声に続き、「あたし、泊れない」といくみちゃんがきっぱりいったあと、少し間があいて「すごーい」のあと、「フ――ッ」のため息が、一瞬ぴったり一致したそらさんでした（心が一つになったという雰囲気）。

そんなとき、忙しそうに戻ってくるふうや君に、「ふうちゃん、先生、こわいもんで、やっぱ泊れないよ」というと、「となりで寝てやるよ!　そのとなりに、せいごが寝る」、「そうかあ、でも、やっぱりこわいもん」「あっそう。僕、こわくないもん」ですって。かっこいい、ふうや君でした。

＊実践としてはこの後、一八七頁のエピソード〈E 1〉に続いていきます。

コメント

泊まる活動が「たいようさん」だけの活動だとはいっても、どうしてもてんぐに会いたくてたまらない二人と、てんぐには会いたいが、夜お泊まりするときお母さんやお父さんがいなくてこわいから泊まりたくないという集団に分かれた。自分たちとは違うことをする二人に対して、なかま外れ的な思いはまったくなく、むしろ「自分たちはやれないけど、二人はできてかっこいい」というあこがれの思いで見つめている集団の姿がここにある。

つまり、集団の大部分の意見とは異なる自己を主張する個の要求を集団が受け入れ、さらにその二人の姿をそのまま認めている。ここには決して「そらさんなのに、たいようさんに入っちゃいけないんだ」というような、異集団間の隔たりというものはない。

3——友だちを求める心を支えて　Ⅱ期＝集団への働きかけ期

C1 〈パーティーやりたい〉九月七日

今週のはじめ、たいようさんが誕生会で駿府公園に行くパーティーを計画しました。朝、園庭で、「行ってきまーす」「バイバーイ」というのを聞いていたせいご君が部屋に戻ってきて、数人の子どもと工作をしていた保育者にくっついていうのです。

せいご　「パーティーしたいなあ、せいごも」
保育者　「どんなパーティー？」
せいご　「せいご、泳げるようになった」
ゆうか　「ゆうちゃんも、そう」
保育者　「だけどそらさん、みーんなが泳げるようになったかなあ」
み　わ　「えー。みわちゃん泳げないもん」（少し離れたところで遊んでいたのですが聞いていたんですね！）
保育者　「じゃあ、だめだねえ」
せいご　「いやいや、パーティーやりたい、やりたい」

保育者「それじゃあ、みんなが集まったとき、みんなにも聞いてみようか」

このことばにひとまず納得したせいご君でした。そのあと、あそびがおもしろくなって忘れていたせいご君が、パーティーのことを思いだしたのは、お昼を食べる時間になったときでした。せいご君が話をすると、やっぱり「泳げないもーん」の声と、「パーティーしたい」の声になるのです。

そこで保育者が「ねえ、みんなはお水が好きかなあ？」というと、「好き、好き」と、どの子もうれしそうに返事をしました。このごろは、浮輪を使って「天然の流れるプール」を川で楽しんでいる子どもたちなので、「じゃあ、浮輪に乗って、プカプカするのはどう？」と聞くと、どの子もニコニコ顔になって、「好き」「楽しい」という気持ちがぴったりになり、パーティーはお水大好きプカプカパーティーになったのです。そして、パーティーのときは、カレーを作る、スイカ割りをする、浮輪で遊ぶところを見せてあげる、川で遊ぶという中味が決まったのです。

＊実践としてはこの後、一五五頁のエピソード〈Ａ３〉に続いていきました。

コメント

これは、はじめて自分のほうから集団に近づき、集団でなければ楽しめない活動である「パーティー」をしたいと言ってきた例である。まさに集団への働きかけである。また、そのなかで次のように自己コントロール力を形成していっている。

最初、「泳ぐパーティーがしたい」と言い張っていたせいごも、「泳げない」というみわの意見を聞かないと、パーティーというみんなでする活動はできない。つまりせいごについていえば、他者との関係で自己をコントロールする力が芽生えてきているといえる。そしてこの場合のように二つの意見が出たとき、保育者の「それじゃあ、みんなが集まったとき、みんなにも聞いてみようか」という言葉でお互いが納得したということから、話し合いをする力が、この時期、集団に育ってきていると考えられる。つまりお互いの要求を受け入れられる関係がある、ということになる。

C2〈サンタの家、近くにある〉一二月三日

朝、ひとあそびしたかなあと思うころ、保育者が、きのう散歩で拾ってきた大きな大きな松ぼっくりを袋から出して干し始めました。するとそれを見つけた子どもが「ツリーみたい」といってきました。「絵の具、ほしい」というので出してあげると、小さな実に色づけしたり、紙粘土でかわいい丸を作って色づけしたりして、松ぼっくりツリー作りが始まりました。それを見て、次つぎに「作りたい！」とけっきょくみんなが集まってきてしまいました。

手を動かしながら、あわてんぼうのサンタクロースの大合唱です。まゆこちゃん、ゆうかちゃん、りなちゃんが大きな声でみんなをリードしています。そして、ツリーを作りながら、サンタクロースの話が始まりました（子どもの話を聞いているのは、楽しい！）。

サンタの家はどこにあるのかな？

りな　「いつまでも見ているよ、空から」
いくみ「図書館で、サンタクロースの本をかりてきた」
ゆうか「なっちゃん（お姉さん）のところ、少し飾ってある、夢でみた、ゆうちゃん」
りな　「飛ぶソリに乗って、サンタクロース、私のを見ててくれるかしら」
みく　「見たことないねえ」
いくみ「幼稚園の、見たこと、あたしある。顔見た」（毎年、お父さんがサンタクロースになってきてくれます）
ゆうか「さよならっていったじゃん」
いくみ「ソリできた」
みわ　「何のプレゼントもらったっけ？」
めぐみ「コマとお菓子。こんどは竹トンボ」（きっぱりと）
みわ　「よく知ってるじゃん、めぐちゃん」
めぐみ「前そうだったもん」

せいご「僕ねえ、ネコの人形もらいたかったのに、カエルの人形だった」
り　な「かわいい袋、おねがいした。サンタに手紙も書いた」
りょう「見たことないねえ、みわちゃん！」

りょう君がいい終わると「真っ赤なお鼻のトナカイ」の大合唱となったのです。そしてその歌に合わせて、こういち君とゆういち君が踊ってくれ、踊り終わるといっぱいの拍手でした（二人とも、すごーくかわいかったよ）。

ところが、踊り終わると突然、せいご君が「（サンタは）おじさんだから、空に住んでるはずがない。空に住んでるのは神様だけで、人間じゃあない」と大泣きし始めてしまいました。

ゆういち「住んでるよー」
り　な「うん、りなもそう思う」
まゆこ「まゆこも」
めぐみ「ママは、サンタはサンタといっていた」
み　わ「北極に住んでいるの？」
ゆうか「お母さんも、そういってた」

次つぎに知っていることを話す子どもたちの言葉に、せいご君はますます大泣きになってしまいました。りょう君が、「なに？　なに？」と聞くと、泣きながら「知ってるんだもん、（ぼくが）空に住んでいたんだもん」というのです。そして急に立ちあがるので、どうなるのかなあ？　と心配していると、保育者のひざのところにきて泣き出すせいご君。子どもたちも心配していて、いくみちゃんが「信じればいいのかなあ、せいご君のこと」と声をかけたのをきっかけに、「サンタの国に住んでいて、ソリでくるの？」「神様が、サンタになってくるの？」「雪の国にいるの？」とか聞く子どもたちです。でも、ずっと泣き続けるせいご君（ほんとうに困って、お母さんに電話をかけて聞こうかと思ったほどでした）。そこで、「じゃあ、お話できたらいってね、待ってるね」とせいご君に声をかけました。みんなは静かに松ぼっくりツリー作りです。聞こえるのは手を動かす音だけ。すると急にせいご君は泣きやんで——

せいご「（サンタの家）近くにある！　サンタはたくさんいるんだよ。サンタの家って所にいる」

み　わ「どこにある？」

せいご「幼稚園にくる道」（今度ははっきり元気に）

行ってみたくなった子どもが、次つぎに「行ってみたーい」。すると、「忘れたかもしれない」とせいご君。みわちゃんが「お父さんは？」「お母さんは？」「ふうちゃん（せいご君のお姉さん）は？」と、次つぎと質問しました。せいご君は「知らない、僕しか。今は、サンタというのの、なかに入っているかもしれない（サンタが、〝サンタ〟と書かれた看板の後ろに隠れて見えないかもしれないという意味らしい）」というと、「なかをのぞけばいいよ」といくみちゃん。

そんななか、急に、みくちゃんの「ねえ、離れていて、イヤだねえ」という声が聞こえてくるのです（少し離れたところでツリーを作っていたのです）。それで、「狭いけど、こっちにくる？」と声をかけると、ニコニコと続きの紙粘土を持って、机ごと四人でよってきました。そしてまた話の続きになり、「つれてってー」の声がいっぱいになると、せいご君も「いいよー」と承知してくれ、子どもたちはうれしそう。そして、行くときは「散歩に行ってくるねー」と声をかけ、ほかのクラスにはヒミツで出発することに決めた、そらさんなのです。

サンタの家がそばにあるなんて、なんだか、ワクワクドキドキしちゃいますね。さあ、どうなるのかな？

＊実践としてはこの後、一二〇頁の〈サンタの家はどこかな？〉に続いていきました。

コメント

いっている意味もよく分らないせいごの主張を、排除するわけでもなく、わけが分らないけどただ認めるというわけでもなく、子どもたちは自分たちが感じたまま素直に〝せいごのいいたいことが分らない〟というように受け入れている。ここでは個（せいご）のほうからみんなに主張し、みんながそれを容認するという姿が示されている。そして、保育者の仲立ちなしに自分たちで要求を出し、直接それを相手に伝えている。したがって、自分たちでお互いの要求を受け止め合える集団に育ってきているといえる。

また、集団からの働きかけに泣き続ける個に対して、保育者は「お話できたらいってね、待ってるね」と声をかけている。このことから、保育者自身が理解できないということをそのまま正直に伝え、そして、せいご自身に考える〝間〟を与えている。

4――友だちとつくるかかわりをゆっくりと　Ⅲ期＝自己コントロール期

D1〈一人で数えないと分らなくなる〉一〇月一六日

朝くると、ゆうき君が「きのう、そらさんでやんなかったから、玉入れやろう」と、遊んでいる子に声をかけています。ふうや君はお部屋でせっせと折り紙だけど、ほかの子はゆうき君の声で外へ集まって玉入れが始まりました。今日はそらぐみだけでやる初めての玉入れです。かご三個と玉を持ってきて、それぞれ、かごをもつ子と入れる子が適当に分かれています。

みわ「あっ、入ったみわちゃん」
ゆういち「先生、ゆうちゃんも入ったよ」
まゆこ「ねえねえ、私も」
ゆうか「ゆうかちゃんもだよ」
こういち「こうちゃん入った、すごい？」

カゴを持っているりょう君が「重いよー」というと、「私、次もつ人」と、りなちゃんが交代しています。カゴを斜めにして入りやすいようにしたり、高くしたりしているのは、せいご君。めぐみちゃんは「入れてよ、入れてよ」とせいご君に注文しています。いくみちゃんは「先生、見てー、この玉おもしろい」と顔が描いてある玉を見てニコニコしていて、カゴに入れるのはやめて見ています。

さて、落ちている玉がなくなると、ゆうき君が「やめてー」の声をかけ、数えています。ルールもなく数えるのでばらばらです。それでもなんとなく勝負が決まり、「ヤッター」「負けちゃった」と、三回ほど繰り返して玉を数えているときのこと。急にせいご君が「一人で数えないと分らなくなる!」と大泣きしてしまいました。数えているのは、同じグループのりなちゃんと二人です。りなちゃんは「あたし数えてない。せいちゃんが数えた、三回」といっています。「ちがう、二回」とせいご君はいって、また大泣きです。そこで、せいご君がいっている「一人で数えないと分らなくなる!」ということを、ほかの二つのカゴで数えている子どもたちにも伝え、いっしょに考えてもらって、数える人は一人にすることに決まったのです。

「せいちゃんが二回で、りなちゃんは○回しか、数えてないっていってるけど、そのことはどう思う?」と聞くと、せいご君は泣きやんで、あっさりと「いいよ」というのです。そこで、りなちゃんが数え始めました。すると、せいちゃんもそれを見て、勝ったことが分かるとニッコリしています。ところが、次に玉入れをやって引き分けになると、「一回しか勝ってない。おあいこじゃあ、イヤー」といって、またまた大泣きになってしまいました。そして怒って、「もう、やんない」といってやめてしまいました。

するとりなちゃんも「あたしも、せいご君がやんないっていったから、やんない」といってお部屋のなかへ入ってしまいました。そして、「ゆうちゃんだって、やめるもん」「ゆうちゃんだって、もうやめる」とゆういち君、ゆうかちゃんがいっているところへ、お部屋からふうや君が出てきました。ふうや君は玉入れに自信があって、カゴに手もとどいて、入れてしまいます。まだやりたいゆうき君、いくみちゃん、めぐちゃん、まゆこちゃん、りょう君、みわちゃん。やめてほかのあそびをしていたこういち君も戻ってやり始めました。すると、ゆういち君やゆうかちゃんも「やっぱりやる」といって、またいっしょにやり始めました。

ところが、そんなみんなのそばに、少しずつ少しずつ近づいてきたせいご君が「みんな、遊んでくれない。一日一回しか遊んでくれない。きのうの続きがいい（積み木で車を作って、家族ごっこして遊んでいる）」といって泣き始めました。そんなせいご君の言葉を聞いて、子どもたちは「いいねえ」「やろう」「続きを」と、もう積み木に走って行っています。たいこ橋の遊具の下に車を作り、家族ごっこが始まりました。そんなみんなの姿を泣きやんで見ていたせいご君は「やーろーっと」といって走って行きました。

コメント

みんなで楽しく遊んでいるのに、いきなりひっくりかえって大声で泣き出したせいごに、圧倒されない集団の姿が見受けられる。このエピソードからはそういうせいごも、自己主張と共に、まだ一度も数えていないという他の子の自己主張でも受け入れられるように自分から自己コントロールする力を形成してきていることがわかる。また、集団全体としては、相手の要求も受け入れられるし、自分の意見もいうことができるという姿が読み取れる。

もちろん、その後もまだかなりジグザグした展開が続いているが、それでも自律的な自己コントロール力形成の方向に向いている、という手応えはたしかなものになってきているといえよう。

保育者は一貫して個の気持ちに共感し、その気持ちを整理して伝えるということをしている。大泣きして「一人で数えないと分からなくなる」といっているせいごに対し、その気持ちを受け止め、ほかの子どもにも共に考えてもらうために、続いて声をかけている。少しずつていねいに整理して言葉を返すことにより、混乱しているせいごが落ち着ける〝間〟を十分に与えているといえる。

D2 〈にじさんが入ってくれればいい〉一〇月二一日

朝、やりたい子で「バトンタッチでどんぐり・旗とり」競争が始まりました。一番に並んだみわちゃんの後ろに、一列に並び一人ずつ走って、旗かどんぐりをとったら戻ってきて、次の子にバトンをタッチするのです。いっしょにやるといって入ったのに、せいご君とふうや君は、列に並ばずぶらんこに乗っています。それでも子どもたちは、そこまでバトンを持っていきます。エンドレスで疲れるまでやり、だれかが声をかけ、玉入れに変わっていきました。カゴをもつ人は（やりたい子の）順番があるようです。全員いるススキグループがまず一回勝ちました。「負けるから、イヤ」というふうや君、せいご君、ゆういち君は、なんとはじめっから参加していないし、めぐちゃんは「勝てない」と怒っています。「ススキさんはグループみんないたからだね。ほかのグループさんの子、みんないるかなあ」というと、ブランコにいる三人を見つけ、呼びにいく赤トンボとひがん花グループの子どもたち。「きてー、負けちゃうよー」の声に、三人の子がなかまに入って、またやり始めました。

ところがまたススキグループが勝つと、めぐみちゃんは「先生、まだ玉が残ってるのに、やめた（ともかくみんなで共通の玉がなくなるまで入れる、というルールなのに早くおしまいの合図をしすぎた）」といって泣いています。りなちゃんも「もうやめる」、まゆこちゃんも「イヤ」といっています。りょう君は自転車に乗って遊び始め、バラバラ気味になってしまいました。保育者もどういっていいか分からなくなってしまい、「あのね、負けて悔しいとさあ、やめちゃっていると、入らないねえ。たいようさんってすごくかっこよくって、そういうときがんばるっていってたよ」という、すごくまずい言葉がけに、しぶしぶ戻ってきて三回目をやったのですが、赤トンボが勝つとまたひがん花が怒って、おもしろくなくなってしまいました。

それで「もう、綱引きにしよう」というゆうき君の意見で、今度は綱引きが始まりました。男の子対女の子です。ところがりなちゃんは、自分の側には他に女の子が一人もいないことに気づいて、

「りなのいるところに、(女の子が) きてくれなーい」と大泣きを始めました (りなちゃんは、自分のいるほうが当然女の子の側であると思い込んでいた)。みんなにりなちゃんが泣いているわけを話すと、「いいよー」とほかの子どもたちが場所を交換してくれ、やっと綱引きが始まりました。その結果は、「女の子が勝ち!」と保育者がいうと、転んでまで引っ張っていたふうや君が、泣いて怒って水道の所へ行ってしまいました。その後ろを追っかけてせいご君が「ふうや君、きてー」といったり、りなちゃんが「ふうや君、がんばんなー」といったのですが動きません。子どもたちが次つぎに声をかけます。

りな　「いっしょのグループで、よく食べるのはふうや君だけだよ (つまり力持ちだということ)」

まゆこ　「そう、がんばんな」

み　く　「私たち、みーんながんばってるんだよ」

り　な　「負けないと思うけど、男の子」

りょう　「そうそう」

ゆういち「ゆうちゃんも、そう思うよ」

こういち「ふうや君、やるよー」

それでもやっぱり何もいわず、動かないふうや君なのです。

み　わ　「どうしたら、いいかねえ」

りな「どうしたら、ふうや君がやるか、考えるよ」
するとI綱を持っていたりょう君が、「よーいは、いいですかー」とみんなに声をかけています。
いくみ「まだです。ふうや君、いない」
ゆうか「ふうや君（綱を）持っていない」
せいご「ふうやー」
めぐみ「持ってるよー、めぐ」
りな「ねえ、ふうや君。どうしたらいい？」
ふうや「にじさん（三歳児）が、入ってくれればいい」（この間、約一〇分ほど中断していました）
それを聞いて、子どもたちは「エーッ」と明るい顔になり、ふうや君をおいて、みんなでにじさんのところへ走って行きました。そして、にじさんが入ってくれることが分ると、ふうや君もニコニコと戻ってきて、二回目が始まったのです。今度は男の子が勝って、飛び上がって大喜びでした。
そしてその後も何回か続いた綱引きでした。

コメント

ふうやにしてみると、集団で遊ぶことの楽しさを充実させたいと思ったら、「負けるから、イヤ」と思っても、そこで抜け出してはみんなと遊べない。したがって自分のなかで解決策（「にじさんが、入ってくれればいい」）を考え、集団にそれを要求することで自己をコントロールしたといえる。

また、「もうやんない」といって抜け出したふうやに対して、集団はさまざまな声かけをしている。声をかけるのは特定の子に限定されているのではなく、一人ひとりがなんらかの声をかけているようすが分かる。個と集団との関係として、ここでは保育者の指導が特別なくても、お互いの要求をいい、集団のほうから「どうしたらいい？」というように、相手の要求を積極的に受け入れようとする強いつながりを見いだせる。

四歳児クラスでは、男の子対女の子の綱引きでりなが見せたような、ピアジェのいう自己中心的なものの考え方はむしろ普通に見られるものである。ここではふうやとせいごを中心に分析しているが、実際にはさまざまな子どもが集団の中で認知の発達とともに第二の自我を形成していくのであり、「あおぞら」の保育は、その過程を十分に支えていこうとしていることがうかがえる。

D3〈食べたくないんじゃあないの〉一〇月二二日

運動会の取り組みで、子どもたちと決めた競技「家族でいも掘り」は、絵本『ねずみのいもほり』のまねっこで、山へ行ったり、川で泳いだりするものです。その見立てに、外のたいこ橋や部屋の机を使うので、あっちへ行ったり、こっちへ行ったりするのです。でもそれがまたおもしろくて、楽しんでいます。

そんなとき、「そらさん、アメ食いやるー？」とたいようさんが呼んでくれました。今日はいつもと違って、かわいいドーナツがつり下っているのを発見したみんなが、ドドーッと走って行くなかで、ふうや君はろうかに寝転がって、「やんない！」と怒っています。保育者は一番にドーナツをとって戻ってくると、ふうや君が寝転がっているろうかのところへ座りました。そして保育者が「食べよーっと」と大きな声でいうと、みわちゃんは「だめ、みんながくるまで」、ゆうかちゃんにも「そうだよ、がまんしな」といわれ、「はーい、すみません」。そのやりとりを聞いていたふうや君は、背を向けて「食べたくないんじゃないの。お菓子だけ食べたい。走るのはイヤなの」と、独り言をいっています。

すると、おあずけをいわれてシュンとしている保育者の前を、みくちゃんが泣きながら門のほうへ走って行きます。そして追いかけたまゆこちゃんが戻ってきていいます。「りょう君が砂をかけて、みくちゃんの口に砂が入った、だって」。りょう君に聞くと、「イヤなのに、せいちゃん、頭をこっちに向かせたから、砂なげた」と困った顔をしていいます。「そうなの？」とせいご君に聞くと、「うん」といいます。

保育者　「みくちゃんは？」

みく　「砂がかかって口に入った。イヤだった」（みくちゃんは側にいて、とばっちりを受けてしまったのです）

保育者「せいご君、りょう君はムリにやられて、いやだったみたいよ。みくちゃんも、側にいてかかってしまってイヤだったみたいよ」
りょう「りょうも、イヤだよ」
せいご「もう、分かった」
といったものの、せいご君は少し元気がなくなってしまいました。そして、ドーナツ食いをやっているほうを見ながら、「僕、ほんとは甘いのきらい。もう、やんない」と、ふうや君のとなりへ走って行ってしまいました。りょう君、まゆこちゃん、みくちゃんたちは、ドーナツ食い競争のほうへ行き、やり終わったので、「いただきまーす」「おいしいね」「ちょっとずつ食べようね」と食べています（もちろん、保育者も）。
せいご「僕、いいもん。あんこ好きだけど、甘いのきらい」
ふうや「食べたくないんじゃあないの。いいもん、同じの家で買って、みーんな食べるもん」
そういって泣いている姿を心配したたいようさんがきてくれて、「どうした?」というので、わけをいうと「入れてーっていえばいいよ、やっていいよ」とさりげなくいってくれたのです。でも、ふうや君は「がまんするからいい!」ときっぱり。保育者は、そうか、走るのはイヤだけどがまんしてやるのかなーっと思ったら、「いい、食べるのがまんする!」というのでおかしくなって、「あのさあ、がまんするのよくないと思うよ。ほんとうのことをいったほうが、ずっとそらっぽいし、かっこいいなあ」というと、せいご君は「僕、やってこよーっと」といって靴をはき始めました。

それを見ていたふうや君も、「僕も、やってこよーっと」といいながら、靴をはき始めました。たいようさんも二人に「いいよー、おいでー」といってくれ、無事ドーナツを食べた二人でした。よかった、よかった！

コメント

せいごとふうやの側からは、みんなのそばで「食べたくないんじゃあないの」「僕、いいもん。あんこ好きだけど、甘いのきらい」というような独り言をいうことによって、二人の「じつは食べたい」「でも走りたくない」という葛藤を表している。しかし、集団側からの直接的な働きかけは見られない。つまり、ここではおいしそうに食べている「そらさん」の姿そのものが、二人にとっては「食べたい人は、走ってもらってくるんだよ」という集団の思いをそのまま表している。

また、この時は保育者もおいしく食べるという姿を見せることによって、二人の「食べたい」という気持ちを高ぶらせ、彼ら自身のほんとうの要求を強めさせ、葛藤が生じるように働きかけている。

そして当人たちもその葛藤を自らのりこえ、自律的な自己コントロールの力を形成していく姿がみられる。

E1〈僕がんばるよ〉七月一五日

たいようぐみが「てんぐに会いたい」と、泊る計画をすることになり（一六三頁のエピソード〈B2〉）、それを聞きつけたふうや君とせいご君。ほかのそらさんはこわくて、お家の人から離れられず泊るなかまに入らなかったけど、どうしても「てんぐに会いたい」と、たいようさんのなかまに入れてもらった二日目の朝のことでした。「集まるよー」のたいようさんの声に、水で遊んでいたせいご君とふうや君が、あわてて走って行く姿が見えます。

そのあと、泊るお祝いにそらさんたちが作ったプレゼント（ブレスレットのようなもの）を持ち、みんなでたいようさんの部屋へ行きました。部屋に入ってきたそらさんを見てすぐ、「オレのは？」「いつくれる？」と、とってもうれしそうにプレゼントのさいそくをする二人。保育者が、「ちょっと待ってて、今お話するからね」といって、そらさんがたいようさんの前に並びました。するとくみちゃんが「これなんでしょうか？」と、ブレスレットを持ちあげて見せました。たいようさんたちの「お守りー、ブレスレット」の返事に、そらさんは「ちがう」「ちがう」と答えています。

そして、りなちゃんが「がんばってるから、たいようさんに……」といいかけて、だまってしまったのです。たいようさんが「おみやげ？」と聞くと、そらぐみのみんなが「ちがう、ちがう」と答えているのですが、りなちゃんが泣き出してしまったのです。するとふうや君が「泣かないで、『がんばって！』でしょう？」というふうに教えてくれたのです。そらさんも「そう」「そう」と、一人ずつ作った子が手渡しをしていって、ふうや君、せいご君の順番になりました。

するると、「えーっ、給食の片づけしてくれない」「ろうかの水道で、ろうかをビシャビシャにしちゃう」「帰る時間になっても、集まってくれなーい」と、たいようさんたちにいわれてしまったのです。そのうえ「それでは、いっしょにお泊りすることはできない」とはっきり断られたのです。でも、そんな言葉にもめげず二人は「泊りたい！」「泊りたい、てんぐに会いたい！」と訴えます。

そこで、たいようさんが考えてくれ、二人にお世話係さんというのをつくってくれました。たいようさんに「がんばってよ」といわれ、やっとブレスレットがもらえて、二人はうれしそうでした。

この日、そらさんはお弁当を持ってお出かけの日なので、仕度をして二人に「じゃあ行ってきまーす」といいに行くと、ふうや君が、「僕、やっぱりイヤ。がんばりたくない」というのです。そらさんもうれしそうで、「いっしょに行こう」とふうや君にいうと、ふうや君もうれしそう。たいようぐみからは「ちゃーんとできるようになったら、また入れてあげるから」といわれ、「うん、分かった」とうれしそうにリュックをとりにいくふうや君でした。でも、せいご君は「がんばる！」とはっきりいうので、みんなで「がんばってねー」「行ってきまーす」といって、出発しました（せいご君は、たいようさんと園庭でバーベキューを楽しみました）。

コメント

せいごは仲良しのふうやが抜けたにもかかわらず、一度は断られた「たいようさん」との活動に「一人でも参加したい」というように、自分の内面において集団の中での他者と対話しつつ、自己決定力を形成していったといえる。強い意志が感じられる。いくつもあった壁を越えるエネルギーがそのまま自分への自信へとつながって、さらに力が増しているかのように思われる。そのうえそらさんからは、「がんばって」と励まされ、さらに自己充実感を深めているようにみえる。

集団は、二人に対して「かっこいい」とあこがれの眼差しをおくる。けっきょくふうやは「そらさん」に戻ったので、せいごだけを抜きにして遠足に行く。ここでは記述されていないが、お弁当を食べた公園で、たくさん虫がいたため、ふうやが保育者に「せいごに（いっぱいの虫を見せてやりたいから）電話かけてー」と頼んでいたことから、集団としては、「たいようさん」といても、せいごは「そらさん」のたいせつな友だちだ、という思いが伝わってくる。自分たちとは違うことをしているという個の存在を認め、違いを認めている集団がここにはある。

電話を受けたせいごは、そらぐみの遠足に行きたくなり、手の放せる保育者に車で送ってもらい、無事そらぐみに合流し、みんなに歓迎されたという。

E2 〈しょえばいいんだ〉 一二月九日

「サンタの家は、空にある」というみんなに対して、「空になんかいないもん」というせいご君の話（一七一頁のエピソード〈C２〉で、サンタの家を探しに行き、その日は時間がなくなって（一二〇頁の〈サンタの家はどこかな？〉）、今度はお弁当を持って「夕方までかかる」というサンタの家を見つけにいくことになり、出発しました。

ところが、少し行くとふうや君がしゃがみこみ、リュックに伏せて泣いているのです。そこで、先を歩いている子たちに「ちょっと待ってて、ふうや君、泣いているみたい」と伝えたのです。するとゆういち君が「ちょっと行ってくる、待ってて」という声と共に走りだしました。いっしょにいくのは、めぐみちゃん。戻ってきていうには「リュックが重いんだって」。するとその声が聞こえたらしく、「お母さん、入れすぎー」とまた大泣きしています。ふうや君のリュックは大きくて重そうだし、持ってあげるというのもどうかなあと思い、「分かったよ。じゃあ、置いていけば、軽くなるし」といったのです。

すると、せいご君は「オレが持ってやるよ」と走って行きました。それでふうや君は泣きやみ、みんなを追い越して先頭のほうへ歩いて行きました。荷物を持ったせいご君は「らくちーん、かるーい」とはりきっています。となりのふうや君が「それは、気のせいだよ」というので、もう、おかしくって笑ってしまいました。ところがしばらく歩くと重たくなったのか、せいご君は「ちょっと、持ってー、りょう」と頼んでいます。りょう君は手渡されたのですが、少し歩くと、「うん！　重いなあ」といっています。するとゆういち君が「じゃあ、オレ、持つよ」とリュックは順々に回っています。

リュックを持っていない子は歩きながら影踏みごっこです。ゆうき君が「あっ、先生の影、うっていない（日陰に入ったのです）」というのです。それを見て、めぐみちゃんが「自分かげふみー」と名づけると、この自分かげふみ（片足でもう一方の足を踏む）に、しばし夢中のそらさんでした。

重たそうに持つゆういち君に、みくちゃんが「重たい？　代わろうか？」と声をかけています。すると横からきたゆうき君が交代しました。そして重くなったゆうき君が「おーい、せいごー、重いよ。持ってくれよ」と呼んでいます。その声にせいご君とゆういち君がやってきて、またリュックを持ち、よいしょ、よいしょと走ります。それを見てふうや君は、「かるーいと思って走ってよー」といっています。

急に、みわちゃん、ゆうかちゃん、まゆこちゃん、いくみちゃんが、「真っ赤なおはなのー」の歌をうたい始め、こういち君がルンルンに踊っています（もちろん、道路の真んなかで）。そして、いくみちゃんの「あっ、先生、見て。カラスいるよー」の声で空を見ると、風に吹かれて笹の葉が雨のようにふってきています。それをじっと見る子どもたち。しばし、見とれていました。

リュックを持っていたゆうき君が「もう、ふうや君、つかれたー」、ゆういち君も「ゆう君も」とリュックをおいて、ビューンと先にあるお堂の所まで走って行ってしまったのです。するとりょう君、こういち君もビューンと走って行ってしまいました。それを見たふうや君は「もういや、キウイ多すぎるー」といって、道路に座り込み泣いています。保育者が「どうする？」と聞くと、怒ったように、「もう、あげる！」というのです。

「エーッ、くれるの?」というとうなずくので、保育者は喜んでほかの子どもたちに「くれるんだって、重いから」と伝えると、みんな大喜び。お堂の所に集まって、ふうや君のお弁当をあけ、シーンと待っていました。ところが、お弁当をあけると二段で、いっぱいきれいに詰められていて、おいしそうなのです。ふうや君は急にフタをして、「しょえばいいんだ!」と独り言をいって納得してしまいました。

何がなんだか、分らない顔をしているみんな。保育者が、「エーッ、くれないの?」というと、うなずくふうや君。「くれないみたいよ」と、見ている子どもたちに伝えると、「えーっ?」とがっかりのそらさんでした。その後は、ふうや君、しっかりリュックをしょってはりきって歩き、めでたし、めでたしでした。

コメント

リュックが重いとだだをこねるふうやに対し、集団はその甘えを受け止め、みんなでリュックを持ってあげることにした。「そらさんなんだから、がんばって」「自分のものは自分で持ちな」という言葉で励ますのではなく、重たいから持ちたくないという今のふうやの気持ちに共感し、ふうやのそのままを受け入れている。

この場合は、集団が個の要求を受け入れたため、ただのだだこねであった個も集団の要求を受け入れざるをえなくなり、結果としてそれが個の自己充実へとつながったということである。

なかまの甘えを友だちが受け入れることができるという集団の姿がここに見られる。

保育者はふうやに対して「分かったよ。じゃあ、置いていけばいいよ、軽くなるし」という声かけをしている。リュックを実際に持ってあげた子どもたちとは異なり、個が自分で解決する方法を見つけるような自立の方向へと、保育者の思いは向いている。彼のなかに矛盾を起こさせる言葉かけをすることにより、彼のなかにある要求の思いをぐっと引き出しているように思われる。

自己の中で対話を重ね、その結果、当人は「しょえばいいんだ!」という結論をだし、内的に自己コントロールの力を形成していくことができたといえる。

第5章

四歳児の自己コントロール力形成過程と保育

1――自己コントロール力形成過程を分析するにあたって

ここでは、前章で紹介したふうや君、せいご君の一二のエピソードをもとに、自己コントロール力の形成過程について分析する。

(1) 保育実践における指導仮説

これまでの知見から、保育者と共に確認してきたことは、次のようなことである。

自己コントロール期といわれる四歳児だが、そのプロセスはそうかんたんなものではなく、自己コントロールできない自分を見つめるほぼ一年近い期間がいるのではないか。一番たいせつなのは、かっこ悪い自分を出せることがかっこいいことであり、それが許容できる集団の育成が必要であること。自己主張の強い子の主張を十分に発揮できる時と場を保障すると、子どもは自分のほうからなかまを求めてくるであろうこと。

したがって、まず保育者の指導としては、はじめは十分に個の自己主張をたいせつにすること。しかし、クラスの一員としての位置づけはきちんとし、自己主張の強い子とほかの子どもたちをつなぐ役になること（Ⅰ期）。

次に子どものほうから集団を求めてくる時期がくるであろう（Ⅱ期）。そのときには、集団に働きかけつつ個を支援し、一人ひとりをていねいに見る。その時点から子どもと子どもの話し合いを方向づけ、指導を行なう。

そして次の段階（Ⅲ期）に子ども同士で解決していくという「集団づくりの視点」を導入していくこと。

いずれの段階においても、自律的自己コントロール力の形成をめざす指導のあり方は、「自立」（他者をくぐった自己コントロール）の方向と、子どもの思いをその論理の理解まで含めて肯定的・共感的に了解するという「内的共感」とのクロスの視点に立っている。

図3を参照いただきたい。縦軸の上に目指す子ども像の方向として「自立」をおき、下にその対極として「依存」（自分だけの要求――この場合は他者とのかかわりを誰かに依存せざるをえないという意味）をおいた。

横軸に保育者の姿勢として、右側に「共感的」（内的共感）をおき、その対極として左側に「管理的」（外的管理）をおいた。

そのクロスにより、次のような指導方法と対応する子ども像が見えてくる。そのなかで「あおぞら」は、Ａゾーンを目指して保育を組み立て、日常的な保育者―子ども関係においてもその方向を目指してきているといえる。

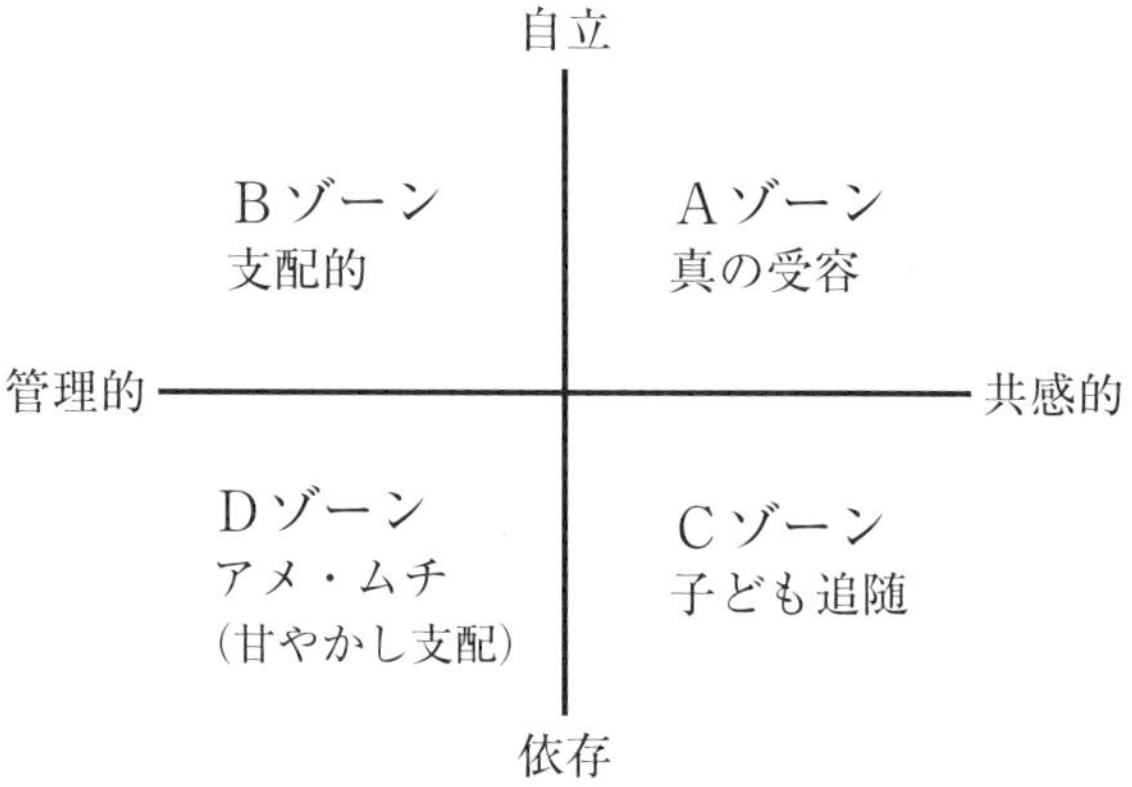

	指導の視点・方法	子ども像
Aゾーン	自立・内的共感（民主的）	自律的自己コントロール
Bゾーン	自立・外的管理（支配的）	他律的自己コントロール
Cゾーン	依存・内的共感（追随的）	自分だけの自己充実
Dゾーン	依存・外的管理（矛盾型）	不安定

図３　保育・教育の指導の傾向

具体的に「あおぞら」のめざすAゾーンの指導の設定と方法について述べる。保育者は子どもをまず徹底的に内的共感的に受け止めるのであるが、これは決して子どもの意図のとおりにするということではなく、その思いを保育者側から評価したりコントロールすることなく、そのまま子どもの立場に身をおいて、理解し了解することを意味する。同時に、他者を通したコントロールの方向に向かうには、対等な立場で、子どもの出会う最初の他者として保育者の要求を提示し、違いに気づいていくようにするという方法である。エピソード〈E２〉においていえば、リュックが重いので持っていきたくないというふうやの思いを理解し共感する。しかし保育者も自分の今持っているみんなの共同の荷物だけでも重くてとても手伝えない。そこで「置いていけば」ということになる。そこから子どもは考え始めていく。

次に、このような方法でⅠ期、Ⅱ期、Ⅲ期と展開する保育の分析方法について述べる。

(2) エピソード分析の方法

保育のなかでの自己コントロール力形成過程をとらえる際、個の要求と、活動（あそびなど）、集団の発達、保育者の指導の四点から見る。しかし、活動はほかのすべてに結合しており、その適否を分析枠に入れると複雑になるので、エピソードの内容に組み入れてとらえる。

前章で見てきた、エピソード記録より、大まかに予想しておいた指導仮説を踏まえて、個の自己充実とかかわる集団の発展過程と指導（保育者のかかわり）の軌跡をまとめてみたものが、**表4**である。この表の枠組みが分析の仮説にあたる。

これには、縦軸に自己変革過程を、横軸に「個の自己充実」「個と集団との関係」「指導」をおいてある。エピソードとの関連は、中央の「個と集団との関係」の欄に入れてある。

〈A1〉とは前章エピソードに関する**表3**（一四一頁）のエピソードAの五月一日「そらじゃあない、にじじゃあない」にあたり、〈A2〉は五月二六日のもの……というように、〈E2〉まで見ると前章のエピソードと対応させて見ることができるようになっている。同じタイプの1、2、3は、個のレベルは同じなのであるが、集団の質が高くなっていることが分かるようになっている。

また、期の区切りは、指導方法の違いにも連動している。したがって、エピソードAとBは、ど

段階	タイプ	個の自己充実	個と集団との関係・エピソードより	指　導
Ⅰ期 自己主張期	A	〈第一の自己充実〉 集団から「はずれる」	エピソードのA１→A２→A３へ集団の発達によるかかわりの変化がある …………………… A１：保育者の仲立ちによる認め合いの関係 A２：保育者の仲立ちにより認め合ったうえで、集団から個へ要求をする関係 A３：お互いが認め合い、要求する関係	・個の充実のために時間を十分確保する ・集団の意識化と個の自己充実の仲立ちをする
	B	〈第一の自己充実〉 思いつきの自己充実	エピソードのB１→B２へ 集団の発達によるかかわりの変化がある …………………… B１：個の自己充実が集団に影響 B２：お互いに認め合う関係	
Ⅱ期 集団への働きかけ期	C	〈第二の自己充実への前兆〉 自らが集団を意識しはじめ、集団へ働きかけることによって生まれる移行期としての、自己充実 ↓ 自己コントロールへの芽生え	エピソードのC１→C２へ 集団の発達によるかかわりの変化がある …………………… C１：保育者の仲立ちにより信頼し、要求し合う関係（話し合いの芽生え） C２：お互いに認め合い要求する関係	・集団へ働きかけていく個を支援する ・一人ひとりをていねいに見る ・話し合い活動では、集団と個の間に「間」を取り、考える時間を作ることによって内面を見つめさせる
Ⅲ期 自己コントロール期	D	〈第二の自己充実〉 集団に働きかけ合意を形成することによって生まれる自己充実 ↓ 自己コントロール	エピソードのD１・D２・D３に共通して お互いが認め合い要求する関係の中で、話し合い（合意づくり）活動が多くなる	・集団づくりの視点を持つ ・共感し、見守り、気持ちを整理しながら、「間」をとり内面を見つめさせていく
	E	〈第二の自己充実〉 集団へ働きかけることによって、そして自分のなかの他者ともかかわりあうことによって生まれる自己充実 ↓ 自己変革の方向での自己コントロール	エピソードのE１→E２へ 集団の発達によるかかわりの変化がある …………………… E１：お互いが認め合い要求する関係 E２：お互いが認め合い要求し合い甘えられる関係	

表４　４歳児における自己変革過程表

ちらも自己主張期なので、ややタイプが異なるがどちらも指導の方法が同じであり、Ⅰ期になる。個のほうから集団を求めてくるⅡ期になって、はじめて話し合い活動が登場する。また、Ⅲ期ではじめて登場するのが「集団づくりの視点を持つ」である。これは、保育者の媒介がなくても自分たちで、自分や構成員にとって居心地のよい居場所にしていけるよう、それぞれが自己主張しつつ他者の要求も受け止められるようなクラスづくりの方向をさしている。したがって、自己コントロールが可能になってきていることを意味する。

この表は、このようにしていけば、一見集団から「はずれ」わがままに見える子どもも、自分らしく納得しながら自己コントロール力を獲得できるのではないか、という当初は漠然とした仮説だったものが、実践をするなかで確かになってきたものを表わしたものである。

このようにして生成された仮説が一定の確かさを得て、さらに検証されていくとき、そのなかの基本的な点についてはかなり長期にわたって通用するであろうが、時代もさらに変化し子ども集団も発展するとき、仮説自体がまた新しくなるかもしれない。

以下、一二のエピソードを抽出したこの八ヵ月間の実践をもとに検証するが、集団から「はずれ」がちな二人の子どもが自己コントロール力を獲得した今、八ヵ月前はなにげなくみんなについていたもっと幼い子どもが、今、ここでの二人のような「はずれ」方をし始めたという。その子たちもまた、ここでたてられた仮説のように発達していくものと予想できる。

2――エピソードからの検証［1］～I期（自己主張期）第一の自己充実からの出発

（1）集団から「はずれる」自己充実期（Aのレベル）における集団と指導

この時期のはじめのエピソードAにおいては、集団から個があえて「はずれる」という形での自分だけの自己充実の時期である。

エピソード〈A１〉から〈A３〉にかけて、保育者の仲立ちによる認め合いの関係であったものが〈A１〉、保育者の仲立ちによる認め合いのうえで集団のほうから個へ要求を出すようになり〈A２〉、次には互いに認め合い要求する関係へと子ども集団のほうが変化していく〈A３〉という変化がみられる。

この時期の保育者の指導は、個の要求をしっかり受容するが、同時に必ず集団の一員であることを意識的に位置づけ、「じゃあ、みんな集まっているから相談してるね」と伝え、同じことをクラスで相談をしようと集まっているみんな（そらぐみ集団＝そらさん）にもさりげなく伝える。そして、みんなと思いきり楽しそうなこと（ここでは本物のスミレ入りのプリン作り）を相談し合っているみんなのほうと、「はずれている」二人のほうと両方に神経を働かせ、「はずれている」二人に心の変化のサインが見られたときは、すかさず「みくちゃんとふうや君がね、そろそろ、そらさんになりたくなったんだって、みんなどうする?」というように、みんなに取り次ぐ。子どもたちは二人が同じ組のなかまであることに何の疑問も持ってないので、「いいよー。」「今度、そらさーんって呼んだらきてよー」となる。

〈A2〉でも、やはりはじめに呼んだときにはせいごとふうやの二人だけ「はずれて」いて、だいぶたってから「入れてー」といってきたとき、今度は子どもたちが「いいたいことがある。どうして呼んだときてくれなかった?」「もっと早く、そらになってほしい」と要求する、というように変化してきた。とくにいつも仲良しの子どもが「僕も、僕が呼びに……」と泣きながらいうと二人が神妙になる。ここでの指導も基本は同じであるが、子どもたちの訴えを「そらさーんって呼んだときてほしかったっていってるよ」と、二人に受け継ぐ。

〈A3〉でも、プカプカパーティーをすることに決めてきたにもかかわらず、やはりふうやは自分だけどろだんご作りに興じ始める。りなが「今日はイヤなんだー。でもいつも遊んでるのに」と許容する言葉。すると、次のカレー作りからは積極的にかかわってきた。ここでは、保育者はあえて口を出さなくても、友だちが当人を認める、それによって当人も友だちを認めるという、認め合う関係に育っていった。

この期の保育者の基本姿勢と働きかけの基本は、次の二点にまとめられる。

①個の充実のために時間を十分に保障すること。

②集団の意識化（一人ひとりがそらぐみであるというように子どもたちに所属する集団を意識させていくこと）と個の充実の仲立ちをするということ。

そうすることにより、表れ方は異なっても、個と集団の関係が、個が認められることをとおして、自発的に仲間とかかわろうという方向に育ってくるものという見通しが明確になったといえる。

（２）思いつきの自己充実期（Ｂのレベル）における集団と指導

Ａのレベルが、集団から「はずれる」という形の自己充実であったのに対し、Ｂのレベルは、集団と関係なく、自分たちだけで行動しようというものである。

〈Ｂ１〉は、自分たちの思いつきの行動が保育者に認められ、それが集団に影響するというものであり、〈Ｂ２〉では、自分たちの思いつきの行動がほかの子どもたちから「すごい」と認められ、互いに認め合うという関係ができるという方向に発展する。

〈Ｂ１〉では、動物園にみんなで出かけたとき、保育者一人で一三人を連れて行くので、保育者の見えるところで行動するという約束になっているにもかかわらず、二人だけで「コウモリのところへ行きたい」といい、それを思いきって許容すると、それがほかの子にも広がっていった。自分たちだけの思いつきからはじめた自己充実が集団に影響するという体験をすることになる。

〈Ｂ２〉は、一年年上のクラスの「てんぐ」に会うことを楽しみにした合宿に、ほかの四歳児はこわいといっているのに「泊りたい」と主張する二人を、クラスのなかまが「すごい」と思うところから、相互の認め合いに発展するというものである。

この期の保育者の指導は、先のAのレベルの二つの原則と基本的には同じであるが、ここでは、思いつきの要求を極力認め、その姿を集団につないでいる。外から大きく見守り、大きな危険がないかぎり、最終的に決断し（ほんとうに大きい組の子と泊るのかどうか）、どこで治めるかは、本人に任せている。

こうした、二人の集団から認められた一面が基盤になって、Ⅱ期へと発展していく。

3――エピソードからの検証［2］～Ⅱ期（集団への働きかけ期）　第二の自己充実への移行期として

この期の自己充実は、集団を意識し始め、自分のほうから集団へ働きかけることによって生まれる移行期としての自己充実期であり、自己コントロールへの芽生えの時期といえよう。

エピソードは、〈C１〉、〈C２〉である。〈C１〉は、せいごがパーティーをやりたいと切り出したエピソードである。パーティーはこの園のたいせつにしている生活の節の一つで、普段は個々がそれぞれに遊んでいるが、パーティーは一人ではできないものであり、みんなで何かを祝って喜びを共通にするものだということは、子どもも感覚的に知っている。「パーティーをやりたい」ということは集団を求めているという要求の表現ではないか。何のパーティーかを聞くと、自分が泳げるようになったことを祝うものだという。誕生日と異なり、何かができるようになったことを喜ぶときは、クラス全体ができるようになったときに祝うことにしてきているので、保育者がみんなができるようになったかを聞くと、子どもたちは口々にそうではないことを主張する。保育者からの、みんなが満足できる「浮輪に乗って、プカプカするのはどう？」という示唆で、プカプカパーティーが実現する。

このときの集団は、保育者の仲立ちにより信頼し要求し合う関係ができ、話し合いが芽生え始めたというところにまで発展してきている。

〈C2〉は、〝サンタクロースは空に住んでいる〟というみんなに対して、〝サンタは人間だから空には住んでいない〟と言い張り泣き出してしまったせいごを、みんなが心配していろいろと質問しながら待つ。そして〝サンタの家は近くにある〟というせいごの発言を受け止め「行ってみたーい」「つれてってー」と要求している。

この場合は、さらにお互いが認め合い、要求し合い、かつ許し合う関係が育ってきている。

この際の保育者の指導は、Ⅰ期とは異なり、次のようになる。

①集団へ自分のほうから働きかけていく個の要求を肯定的に受け止める。

②一人ひとりをていねいに見る。

③話し合いをたいせつにし、その際、集団と個の間に〝間〟を取り、考える時間をつくることによって内面を見つめられるようにする。

サンタの家が近くにあることはありえなくても、みんなでせいご君の誘導で遠征する、なども個の要求を肯定的の受け止めたからであり、①から③の考えにそってのことである。

みんなからあんなに離れたがっていた子が集団を求めてくる、そこをたいせつに考え合えるための〝間〟をとる指導が、この期の指導として意味をもつものと思われる。

4――エピソードからの検証［3］～Ⅲ期（自己コントロール期）第二の自己充実期として

この期の自己充実は、自分だけの自己充実ではなく、他者をくぐった自己充実、すなわち集団に働きかけ、合意を形成することによって自己コントロールを経た自己充実だといえる。

この自己コントロールの姿には、タイプDとして分類した、実際に自分が参加することによって、集団と合意を形成することにより確立する自己コントロールと、タイプEとして分類した、自分の内面においての他者とのかかわりによって生まれる自己コントロールの二つのタイプがあるということが見いだされた。

それぞれについて、以下に説明する。

(1) 合意の形成を通しての自己コントロール（Dのレベル）における集団と指導

エピソードは、〈D１〉、〈D２〉、〈D３〉である。

〈D１〉では、運動会の玉入れで「玉数え」をしていたとき、せいごは「一人で数えないと分らなくなる（みんなで数えると分らない）！」ということに気づいて、その気持ちを表す。しかし、はじめはその一人は自分のことを指していたが、みんなとの話し合いで、まだ一度も数えていない友だちが数えるのであっても、一人で数えるのならじっとその姿を見守り、自分が数え手でなくても納得していく姿が見られた。

〈D2〉では、男女対抗の綱引きで男児が負けて、ふうやは泣いて怒って離れていってしまったが、友だちから「どうしたらいい？」と問いかけられることにより、「にじさん（三歳児）が、入ってくれればいい」と、すねている本人自身が三、四歳児合同の男女対抗の綱引きを提案し、それが受け入れられることによって、納得し、参加していく姿が見られた。

〈D3〉では、「走らないと食べられない」という矛盾を含むドーナツ食い競争の際、ほんとうは食べたくないのではなく、走りたくないのに、いかにも甘いものは嫌いだからというようなようすを見せて参加してこない、二人の子どもの変化のプロセスがみえる。ほかの子は、ドーナツ食い競争をして、おいしそうに食べ始める。そのうちに「食べたくないんじゃあないの。いいもん、同じの家で買って、みーんな食べるもん」とか、「がまんするからいい！」などという。そこで保育者が、ほんとうの自分を出すことをすすめる（「がまんするのよくないと思うよ。ほんとうのことをいったほうが、ずっとそらっぽいし、かっこいいなあ」）。すると二人は「僕も、やってこよーっと」と、主体的に参加していった。

これら〈D1〉～〈D3〉のエピソードから個の要求と集団と指導の関係を見ると次のような筋道がみえてくる。

集団とのかかわりを見ると、友だちと互いに認め合いつつ、友だちから要求されたり〈D１〉、質問されたり〈D２〉、ようすをみたり〈D３〉という合意づくりの活動が見られる。

保育者の指導は、個と集団をつなげる役から、友だち同士が要求し合えるような「集団づくりの視点」をもちつつ、個々の子どもの思いに対しては共感し、見守り、気持ちの整理（「ほんとうのことをいったほうが……かっこいいなあ」のように）ができるように支え、〝間〟をとって、内面を見つめさせるという視点が重要になる。

(2)自分のなかでの他者とのかかわりによる自己コントロール(Eのレベル)における集団と指導

エピソードは〈E１〉〈E２〉である。

〈E１〉は、「てんぐに会いたい」という気持ちから、一年上の年長組（たいようさん）といっしょに「てんぐに会うためのお泊り」保育に参加する準備活動を始めていた二人をめぐるエピソードである。たいようさんからは片づけしないからいっしょに泊れないといわれ、自分のクラス（そらさん）は遠足に行くという場面で、一人は「僕、やっぱりイヤ。」と降りるが、一人は〝てんぐに会いたい〟という気持ちから、たいようさんからのいろいろな要求にも応えて、「がんばる！」と決意する。そらさんからも「がんばってねー」といわれて、「にっこり」応える。

ここでは、そらぐみに戻った子も受け入れ、そのまたいようぐみに残った子どもの要求も認めつつ、その子にはたいようぐみに自分たちのクラスの代表が一人参加しているんだというような応援の気持ちが伝えられている。

〈E2〉は、〈C2〉の続きの取り組みであり、弁当持参でサンタクロースの家を見つけに行くのであるが、弁当が重すぎて持って歩きたくないふうやへの対応と変化である。保育者は、共感しつつも自立をうながす方向で、「じゃあ、置いていけば」と提案する。彼にとって、それはとてもできない相談なので泣きだす。すると、みんなが代わるがわるに持ってくれるということになったが、みんなも疲れだし困ってしまう。そこで弁当の中身をみんなに分ければいいと気づき「もう、あげる！」という。みんなは楽しみに待っているが、ふたを開けたらあまりにおいしそうなのであげるのが惜しくなったらしく、急いでふたをしめる。

弁当はおいしいそうだから自分で食べたいし、重いから下げて歩きたくないし、という矛盾に出会う。自分のなかで対話をかさね、「しょえばいいんだ」と結論をだし、自分で肩にしょって歩き始めた。

保育者もみんなも「エーッ、くれないの？」とはいったものの、彼が「自立」して自分で持って歩くことに同意したのか、それ以上はあまり気にしない。ここでは当人がみんなのなかに自分のありのままの姿を出して受け入れられたという安堵感が見られた。

個と集団のかかわりを見ると、〈E1〉においてはお互いが認め合い要求する関係、〈E2〉においてはお互いが認め合い要求し甘えられる関係が見られる。

保育者の指導は、やはり「子ども同士の話し合い・伝え合いのなかで解決できるように」という集団づくりの視点を持ち、そのなかで、共感し、見守りつつ、「自分との対話」によって考え、自分で結論を出していくという、自立の方向をうながす方向で受容するようにする、という方法を引き出すことができた。

タイプD、E共に「個の自己充実」のレベルは、自ら集団に働きかけることによって他者とかかわって自己コントロールをしていく「第二の自己充実」としては共通しており、どちらもⅢ期としてとらえることができる。集団の発達により「個と集団の関係」も発展し、合意づくりの話し合い活動が活発になり、お互いが認め合い要求する関係だけでなく、そのなかに甘えられる関係さえも内包される姿が見られるようになった。

5――まとめ

自己主張期から自己コントロール力形成期への転換期に、他者への接近要求の芽生える時期があるのではないかと仮説して実践し、その過程の研究をエピソード分析によってすすめてきた。その結果、以上で見たように、ここでの実践においては、発達の過程において自己主張の強いと思われる子どもも、十分にその時期（I期）を保障することによって、自ら他者との接近要求を示す時期があり、それを越えて自己コントロール力形成期に発展できるという方向が検証できたと思われる。

つまり、『子どもの自分づくりと保育の構造』で加藤氏のいう、第一の自我から第二の自我にいたるには他者とのかかわりをくぐらなければならないこと、そしてその他者への接近要求は、自己主張期を十分に保障することと、自然な形で集団と取り次ぐ保育者のかかわりによって、子ども自身の要求として生まれてくるということ、したがって四歳児においても十分な自己主張が、「他律ではない」真の自己コントロール力形成の前提になるということが明らかになった。

また、指導仮説以上に深められこととしては、指導の質のレベルは同じであっても、タイプが異なる自己充実の方法があること（I期のAB、Ⅲ期のDE）である。さらに、こうした発展過程には、保育者の指導や集団の発達があろうことは仮説していたが、どのような指導がどのように集団

今日はどこまで行くのかな？

と個をつなぎ、どの子どもにとっても居心地のよい生活の場をつくる主体に育つようになっていくのか、ということの子細については、分析を通して新たに明らかになったといえる。

まず、保育者の保育指導についてであるが、個の自己主張に共感しつつ十分に〝間〟を保障すると共に、いつでも、何をしていても、どこにいても、同じクラスの一員であるという保育者の意識をさりげない表現で伝え（「じゃあ、相談してるよ。そらになったら、きてね」〈A１〉）、そのことをクラスのほかの子どもたちにも伝えておく。そしてクラスのなかまと異なる方向で自分だけの自己充実をしていた子どもが、ひそかに発したサインを見逃さず、「なに？　なにか話あるの？」というように子ども集団に返し、当の子どもとなかまをつなぐ働きをしている。

一方、ほかの子どもたちのほうの活動を思いっきり楽しいものにしている（スミレ入りのプリン作り）ことが読み取れる。ここに、個々の子どもの要求を受け止め、ほかの子どもたちに受け継ぎつつ、自己決定していく〝間〟をつくり、どうするか考えざるをえないような矛盾を含む言葉を投げかける（お弁当が重くて困っているときに「置いていけば」〈E2〉というように）という保育方法が見いだされる。

この働きかけの原則は、先に述べた共感と管理、自立と依存という二つの軸のクロスでとらえた場合（**図3**）、共感しつつ自立の方向をめざすときに可能になるものではないかと類推できる。この点については別の機会に指導の方法に焦点を当てて検討したい。

次に集団の発達との関係について見ておこう。集団活動（これも決して一斉保育というのではなく、子どもたち自身の要求になっている活動、たとえば〈A1〉でいえば誕生パーティー）をしている子どもたちも、はじめのころは保育者が媒介となってどちらの子どもも対等に受け入れ気持ちをつないでいる（Ⅰ期）。いつも「はずれて」いる子どもたちのほうから「パーティをやりたい」と接近してきたときには、認め合いつつ話し合いの方向へと発展し（Ⅱ期）、次の時期には、話し合いから合意の形成〈D1〉、あるいは、互いの内面の感情の動きを許容し認め合う関係〈E2〉（Ⅲ期）へと発展していっていることが分かった。

対象児は、約八ヵ月かかって、集団保育のなかで以上のような経過を経て、自己形成における発達の危機を乗り越えるということが見いだされた。

あとがき

執筆者の二人が、それぞれの立場から「あとがき」として、この本への思いを記させていただきます。

執筆者の一人である金田は、本書において二つのことを目指してきました。

一つは、発達過程において、ある節を乗り越えるときにともなう危機を、保育のなかでどう克服していくのかということを、他者をくぐって自己をコントロールしていく力の獲得を課題とする四歳児において明らかにすることです。

二つは、その際の保育のあり方（理念・方法・形態）について提案することです。とりわけ、保育に意図をしっかりと持ちつつ、しかも子どもの自主性を徹底的に保障し、子どもと共に創る保育のあり方についてです。換言すれば、保育理念と方法・形態の関連の探求であり、保育計画を実践に移す際の方法論についてです。

ここでは、この第二の課題のほうについて、本文では十分に展開していないので、補足させていただき、第一の課題との関連についてまとめることをもって、あとがきに代えたいと思います。

さて、この第二の課題についてですが、私は早くから二つの疑問を持ってきていました。

一つは、「自由保育」か「一斉保育」かという形態の議論が、保育界において、前者は個人の自主性を第一義に考える保育であり、後者は集団の教育力をたいせつにする保育であるというように、時として理念と混同してとらえられている混乱が見られた、という点についてです。さらには、一方では「自由保育」＝「放任保育」のような、またもう一方では「一斉保育」＝「管理（主義）保育」のような非科学的な誤解さえなかったとはいえない状況にありました。理念と形態を分けてとらえたうえで関連させて考えることの必要性については、すでに一九八一年に「保育理念、内容・方法と保育形態」（日本保育学会『保育学年報一九八一年版』三九〜四六頁）において問題提起をしてきています。それは集団の教育力をたいせつにし、かつ「自由保育」の形態をとる園があっていいはずだと考えてきたからです。そして、ここで展開してきた「あおぞら」はまさにその実践を具現化している園だといえます。

もう一つは、保育内容・活動と形態との関連についてです。たとえば「課業（課題活動）」についても、私はあそびだけではなく、保育者のほうから意図する課題活動が重要であると考えますが、そのことが実際の保育において「課業＝設定保育」になってしまうことを危惧してきました。このことについても、すでに一九八九年改訂の幼稚園教育要領に関して、「新幼稚園教育要領における保育形態をめぐって」（保育研究所編『どうみる新幼稚園教育要領』草土文化　九六〜一一六頁　一九八九）において、次のように問題提起をしています。

八九年改訂の要領において、協力者会議の識者たちが幼児教育における活動を「生活」以外には

「あそび」に特化しようとしたのには、課題活動を位置づけると、活動の流れをさえぎり、いかにも小学校の授業を思わせるような「設定保育」になってしまうのではないかという危惧もその一つの理由とされていました。これに対して私もその危惧には同感なのですが、だから課題活動はいらないのではなく、「課題活動≠設定保育」ととらえ、課題活動を柔軟に考え、そのような保育が展開されるように形態を変えていけば、幼児教育における活動をあそびに特化しなくても、「生活」と「あそび」、ほかに「課業（課題活動）」を位置づけていいのではないかという主張をしてきました。

それにはどんな保育が可能なのか。この点についても「あおぞら」の実践がまさにそのことを示しています。「課業」といわずに「準課業」としているのは、「設定保育」という形をとらない課業のあり方の提案でもあるわけです。

この筆者の二つの保育理念、内容・方法と形態との関連に関する提案は、公にはしてきたもののあまり普及してこなかったように思われます。

それは、ごく最近になっても、小学一年生の「荒れ」は「自由保育」の所為ではないかということが教師の間でまじめに討議されている事態に出会うことからも察することができます。

また、集団の教育力に重点をおき、かつ課業もたいせつにしている園においての「自由保育」形態は、あまり発展してきていないという状況もその側証のように思われます。もちろん、課業が設定保育になることがあるのは当然ですが、幼児の特徴からはそれが中心ではなく、子どものなにげない生活のなかでの自発活動と結合した形の課題活動が主導的であってよいのではないかと思うからです。

近藤薫樹氏のいう「A型保育」を目指そうとしているのは同じなのですが、そして、幼児期の場合には意欲（一段目の積み木）と経験（二段目の積み木）、言語化・概念化（三段目の積み木）との間をつなげるのが課業だとすると、そのつなげ方には、ストレートにつなぐ方法だけでなく、その間にたくさんの紆余曲折があり、子ども自らがつなげたくなったそのときを逸さずつないでいく、という方法が必要なのではないかと思うのです。そしてもちろん前者も必要ではあるのですが、後者のつなぎ方こそが幼児教育ならではの方法であり、最もたいせつにしたいところだと思うのです。（同氏著『新版・集団保育とこころの発達』新日本新書　六八頁　一九七八）

それが「あおぞら」のいう「準課業」にあたります。しかし、これは「集団の教育力を大切にし」つつ「A型保育」を求めている多くの園の主流になっていない方法だと思うのです。

さて、ここで、他律的ではない真に自分のものとして他者をくぐっての自己コントロール力の形成過程について見るとき、はじめはとことん子どもの自分だけの自己充実を認めていき、やがて自らなかまを求める時期を待っていくのですが、こういう息の長いプロセスを保障する保育においては、「集団の教育力をたいせつにする」「自由保育」の実現が必要なのではないかと、「あおぞら」の実践をもとに提案したのがこの本の狙いです。

先に述べたように一九八一年以来二本の論文を書き、折に触れて発言してきましたが、十分に浸透せず議論にも上ってきているとは必ずしもいえなかった残念さを、今度は、意を一にした実践者

の岡村さんの実践をもとに述べているので、振り返っていただけるのではないかと期待していると
ころです。
もちろん、「集団の教育力をたいせつにした」「自由保育」を実現するには、保育の条件がかかわるとは思いますが、まずはこういう保育を求めようとしているかどうかが、大前提になるのではないかという点から考えるなら、「あおぞら」の保育は、多くの園の参考になるのではないかと思う次第です。そして、こうした保育を求める力を強めて保育の商品化を退けていくことが、私たちに課せられた課題ではないかと思います。

（金田利子）

この夏、中学二年の娘と友だちが、総合学習の勉強ということで、夏季保育に参加したときのこと。インタビューということで、どうしてこの仕事をしたいと思ったのか？　という質問がありました。「う〜ん、そのまま（高校を出て）仕事をしたくなかったからかなあ」というと、「もっとかっこよく、みーちゃん（みーちゃんは山岡三佐子さんのことで、静大の大学院を修了して今年からあおぞらに就職したのです。〝幼児期は感性が育つたいせつな時期だから、やりがいがある仕事なんだ〟というふうなことをいったらしい）みたくいってほしい」といわれて困ってしまいました。もう一つ、仕事をしていてつらかったり困ったりすることはないか？　という質問には、「ぜ〜んぜん、ありません。楽しくって」と答えたのですが、よーく考えると、保育の仕事は改めてすごいものだと思うのです。ちゃらんぽらん（一生懸命な人には失礼かな？　でもこの言葉しか思いつか

ないので）に出会った保育の仕事への思いが、自分にとってかけがえのないものになってしまうのですから。

三〇年もやっていると慣れそうなものですが、子どもに聞かれたり、質問されたりして、ドキドキ「う〜ん困った」ということはしょっちゅうで、子どもからは「分かってるよ！」「そう、いつものことだから」といわれるし、ケガが多いので、危ないところへ行ったときなど「また、ころぶよ」「気をつけて」といわれるのは、私のほうが圧倒的に多いのです。

それに、子どもが真剣に怒ったり、泣いている姿にジーンと感動して、すぐ涙が出てくるのも困ったもの。あ〜、年はとりたくないと思うのです。が、それでも、子どもも大人も大好きで、あおぞらが好きな気持ちは抑えられないのです。人は「あんたが一番わがままをいってるんじゃあないの？」といいますが、考えてみれば、あおぞらは子どもも大人も（私も含めて）わがままいって、受け止めてもらって、いっしょにいると楽しくって元気が出るところのような気がします。それはいいかえると、人間らしく生きたいと願う保育そのものを実践しているのが、「あおぞら」なのでは？　とひそかに思っているのです。

今回、実践をまとめる機会に出会ったのも、そうした人と人との出会いのなかで生まれたことで、金田先生、職場のみんな、父母の皆様、子どもたちをはじめ多くの方々に感謝しています。ありがとうございます。

そして、これからも人間らしさを育てる保育を、多くの人と共に創っていきたいと願っています。

おばあちゃんになっても……。

（岡村由紀子）

一九九八年、九九年と二年間かけて静岡市保育問題研究会で、加藤繁美氏の『子どもの自分づくりと保育の構造』の学習会をしてきました。それがこの本の下地になっています。そこでは、大まかな理論をつかむことができました。しかし、一人の子どもがどう変化するのかという縦断的な変化の資料とそれに基づく綿密な分析は、まだこれからというところにあったように思われました。この本は、その点について受け継ぎ、発展させたものとしてとらえることができるでしょう。

こうした点で、身近な先行研究として適切な示唆をいただいた加藤繁美氏と、共に実践を出し合いながら学んだ静岡市保育問題研究会の皆さんに心より御礼申し上げます。

登場する子どもたち一人ひとりにはもちろん、常に子どもの実名を出しつつ子どものことを共に考え合っていこうとされている「あおぞら」の保護者の皆さんに、また、共同研究者として惜しみない援助をくださった「あおぞら」の職員の方々に、厚く感謝申し上げます。

二〇〇一年九月一日

夏休み明けの子どもたちの明るい声をはげみに

岡村由紀子

金田　利子

岡村　由紀子（おかむら　ゆきこ）

1951年生まれ。

静岡県立臨時教育養成所（幼稚園課程）卒業。

わかば幼稚園、わらべ幼稚園を経て、1994年、あおぞらキンダーガーデンの設立にかかわり、現在同園園長。

（2002年４月より静岡大学大学院教育学研究科院生）

金田　利子（かねだ　としこ）
1938年生まれ。
お茶の水女子大学大学院家政学研究科（児童学専攻）修士課程修了。
現在、静岡大学教育学部教授（児童発達学・人間発達論、乳幼児保育論他）
〈主な著書〉
『乳幼児保育論——乳幼児期の発達と教育』（有斐閣、1973年）
『新しい発達観と教育』（明治図書、1978年）
『母子関係と集団保育』（共編著、明治図書、1990年）
『生活者としての人間発達』（共編著、家政教育社、1995年）
『“保育の質”の探求——“保育者－子ども関係”を基軸として』
（共編著、ミネルヴァ書房、2000年）

年齢別 保育研究
4歳児の自我形成と保育～あおぞらキンダーガーデン・そらぐみの一年～

2002年４月５日　　初版発行

著　者　岡　村　由紀子
　　　　金　田　利　子

発行者　名古屋　研　一

発行所　㈱ひとなる書房
東京都文京区本郷２－17－13
広和レジデンス101
電 話　03（3811）1372
FAX　03（3811）1383